Business German
Right from the Start

Beginning German for the Business-minded

By Lore Armaleo-Popper and Harald Braun

Textbook

LANGENSCHEIDT

NEW YORK · BERLIN · MUNICH · VIENNA · ZURICH

Business German Right from the Start

Textbook	(96780)
Accompanying Cassette	(96782)
Teacher's Manual	(96781)

Cover design: Hans Poppel

Printed in Germany · ISBN 3-468-96780-2

1 2 3 4 5 * 89 88 87 86 85

Course Material

Phase II: Listening Comprehension (Accompanying Cassette)

Phase III: Exercises for Speaking and Communicating

Abbreviations

LT = Lesetext, *Reading Text* **W** = Wiederholung, *Revision*
Ü = Übung, *Exercise*   **ZÜ** = Zusatzübung, *Supplementary Exercise*

For abbreviations used in the vocabulary see page 153.

Introduction

1. Teaching a specialized language to beginners

The idea of teaching a foreign language as a specialized/professional language without the prerequisites of the so-called colloquial speech (everyday language) is a result of the fact that each field, in using language as its means of expression, develops a vocabulary that is specific to its needs, its topics of speech or its group of users, whereas its basic vocabulary and structures are not different from colloquial speech. If there is a specific professional or topical interest and primary need for professional or topical information or communication, the approach to the German language can be simplified and directed towards a well defined objective. Subject-oriented information serves as the topical basis upon which students are introduced to the German language. In this case, language teaching utilizes an already existing professional interest and knowledge. The motivating aspect of this approach is the key to its success.

The objection often raised that one has to learn colloquial speech before one is able to deal with professional terminology, is due to an obsolete cliché. In its early beginnings, foreign language teaching was aimed at the most numerous group of students, at that time tourists. Although the tourist language used in hotels, train stations, airports and restaurants has been amplified, it has, in principle, not changed: it has become identified with colloquial speech and is considered to be the basic lexis for the acquisition of vocabulary and language structures.[1]

There is no doubt that this group language (i. e. for tourists) remains useful for future tourists travelling to German-speaking countries. For the professionally interested student, however, with his special need for information in his own country (information which is mainly acquired through readings in the foreign language) it constitutes a superfluous and thereby discouraging detour. This example will serve as further illustration: a student interested in business will be more motivated to learn the first of the following two sentences, due to his interest in the content. He will be better able to memorize, in the first

sentence, its structures and basic vocabulary (which are identical in both sentences) and the lexis:
1. *West Germany is one of the most important exporting countries in the world.*
2. *The tower of Pisa is one of the most famous monuments in the world.*

It has also become evident that the transfer from specialized to „general" terms and contents (i. e. train stations and restaurants, planes and tickets) is much easier than the reverse.[2] The purposefulness of language and the identification of language with its contents are obvious from the very beginning of a person's foreign language studies by means of a specialized language.

It is clearly more advantageous to begin foreign language teaching with professionally homogenous groups of students and to use a specific field-oriented terminology which at the same time conveys significant information. In this case there is need for a form of language which suits real situations with which the student might be confronted in a German-speaking country or when reading German publications. This course is based on the above criteria. It provides methodological and didactic guidelines in order to build an academically sound curriculum. The material presented meets the rising demand for stimulating the teaching of business-German.

2. Reading – the didactic point of departure

In this context another methodological aspect has to be mentioned. This method of foreign language-teaching puts primary emphasis on the receptive, rather than productive, skills which have commonly been stressed; in other words, the skills of reading and listening precede the ability to talk and write. Without entering into the details of the most recent methodological research, it should be pointed out that with homogeneous groups of students, that is, students who share the same interest, the skill of reading is initially more important for the amplification of information than the three other traditional skills (listening, speaking, writing). It constitutes a more sound basis for foreign language acquisition than the skill of speaking or writing.

Since the technique of reading in the mother tongue is, in principle, the same as reading in a foreign

---

[1] There is no "everyday" language common to everyone. Language depends on who speaks with whom under what circumstances. Tourists are only one group of language users and their "tourist language" is in no way a better basis for the acquisition of other areas of language than is any other group's.

[2] Specific exercises for the transfer are included in the material of the course.

language, and since the reading of specialized texts in German teaches lexis and structures relatively quickly, it is only appropriate to employ the skill of reading as the point of departure and emphasis in a beginner's course. Quick success in the acquisition of a specialized language and the information connected with it – in this case business, marketing, finance, accounting etc. – leads to better readiness for the other skills.

3. Priorities

a) Reading and understanding of *authentic* specialized texts in German.
b) Listening ability (oral reports, lectures, conferences, telephone-calls, dialogues). The exercises relate to the texts in terms of content and vocabulary. The listening ability is further quickened by the speech of the teacher.
c) Speaking and communicating, using the topics of the texts, additional and related subjects and transfer to more common subjects.
d) Writing. This part of the course includes preparatory exercises fort further language development, such as memos, summaries, reports, letters.
e) Translating. Some exercises for further development.

4. Material

Textbook
The authentic reading texts deal with the following subjects:
– The economy of the Federal Republic of Germany within the framework of the European Common Market
– The economy of the free market
– Employment and insurance plans
– Transportation and communications
– Commerce and trade
– Money and banking
Exercises for speaking and communicating
Reference Grammar
Word List

Accompanying Cassette
Listening exercises

Teacher's Manual
Detailed introduction to the method
Details on the technique of reading and decoding
Notes on various topics from the reading texts
Vocabulary
Texts of the listening exercises
Tests

5. Organization of the Textbook

a) Reading comprehension
b) Listening (on tape)
c) Speaking (writing, translating)

The program is designed to be completed in two semesters. Initial lessons introduce the phase of reading comprehension. Subsequently, the technique of listening is introduced. Speaking follows and incorporates the other developing language skills in order to establish a solid foundation for the comprehensive use of German.

Lesetexte

Einführende Texte

Reading Texts

Introductory Texts

Ergänzen Sie in folgenden Beispielen die fehlenden Wörter:

If an investor _____ 100 ounces in bar form from a dealer or bank, it would

_____, at $ 148 an ounce, $ 14,800 plus tax. Moreover, if the bullion were

_____ in a bank vault, and many banks _____ this service, the

storage charge would _____ at least $ 10 a year. Insurance and transportation

would _____ extra.

LT 0.1

In the confusion over many conflicting economic statistics _____ during the

summer months, a deepening sense of caution has _____ among investors and

some business analysts, as well as an excess level of concern about the apparently negative

aspects of the current scene.

LT 0.2

Recent reports have discussed how few black managers have reached top executive

_____ in large _____. These reports are accurate, but they fail to

note _____ toward greater _____ of black middle managers. In the

last decade, the _____ of black managers doubled, a rate of _____

five _____ that of white managers in similar positions.

LT 0.3

The economy _____ at a strong 7.9 percent annual rate in the third quarter,

_____ing to a new high for the first time in two years, the Commerce Department

_____. The G. N. P. thus _____ markedly higher growth than the 7

percent „flash" estimate of a month ago. The figure was _____ as evidence that

the economy is _____ to advance despite high interest rates.

LT 0.4

LT 1.1   1

LT 1.2   1   **Vereinigte Staaten von Amerika (Nord-Amerika, USA)**

Fläche: 9 363 123 qkm; ohne Alaska und Hawaii 7 827 620 qkm.

Bevölkerung nach der Zählung von 1982: 230 510 000; Weiße 83,2 %; Schwarze und Mulatten 11,7 %; andere Rassen 5,2 %.

5   *Staats- und Regierungsform:* Präsidiale Republik mit bundesstaatlicher Verfassung; der Präsident ernennt und entläßt die Kabinettsmitglieder – Parlament mit 2 Kammern; Wahl der Mitglieder des Repräsentantenhauses für zwei Jahre – Wahl des Präsidenten für vier Jahre; er ist nur einmal wiederwählbar.

Wichtige Exportgüter: Maschinen, chemische und pharmazeutische Artikel, Baumwollpro-
10   dukte, Eisen- und Stahlwaren, Erdölprodukte, Papier, Gummiwaren, landwirtschaftli-
che Produkte (Baumwolle, Getreide, Tabak, Gemüse, Fleisch) etc.

Außenhandelspartner: Kanada, Japan, Bundesrepublik Deutschland, Großbritannien, Benelux, Mexiko, Italien etc.

LT 1.3   1   **Bundesrepublik Deutschland**

Fläche (mit West-Berlin): 248 678 qkm.

Staats- und Regierungsform: Demokratisch-parlamentarischer Bundesstaat; Parlament aus 2 Kammern („Bundestag" und „Bundesrat"); Gliederung in 10 Bundesländer (mit West-
5   Berlin 11).

Wichtige Exportgüter: Maschinen, Straßenfahrzeuge, chemische Produkte, elektrotechnische Produkte, Eisen und Stahl, Eisen-, Blech- und Metallwaren, feinmechanische und optische Erzeugnisse etc.

Währung: Deutsche Mark (DM).

LT 1.4   1   **Zusatztext**

Die Vereinigten Staaten führen offiziell den Namen *The United States of America*. Ihre Grenzen sind im Osten der Atlantik, im Südosten der Golf von Mexiko und im Westen der Pazifik; im Norden besteht eine gemeinsame Grenze mit Kanada und im Süden mit Mexiko.
5   Nach der Volkszählung von 1970 besteht die Bevölkerung zu 87,5 Prozent aus Weißen und zu 11,1 Prozent aus Schwarzen. Die restlichen 1,4 Prozent sind Indianer und Einwanderer oder Nachkommen von Einwanderern aus Lateinamerika und Asien.   r Einwanderer, – *immigrant*

LT 2.1

1 **Die Internationalisierung der Wirtschaft**

LT 2.2

Die Internationalisierung der Ökonomie charakterisiert die gegenwärtige Phase der Entwicklung der kapitalistischen Produktionsweise. Multinationale Konzerne produzieren, kaufen und verkaufen weltweit und kontrollieren die internationalisierte Ökonomie. Die Internatio-
5 nalisierung des Kapitals – manifestiert durch den multinationalen Konzern – führt zur Internationalisierung der Arbeitskraft. Diese Prozesse bedeuten zugleich die Transformation der nationalen kapitalistischen Ökonomien durch die kapitalistische Weltökonomie. Der massenhafte Transfer von Industrien aus den entwickelten Ländern in die Entwicklungsländer führt hier zur Industrialisierung und zur Bildung einer Industriearbeiterschaft.

Diagramm 2.2

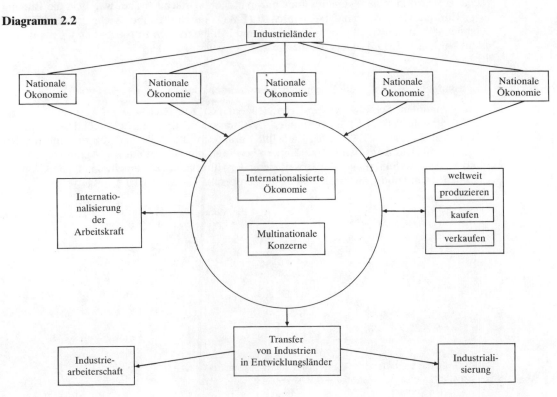

LT 2.3   1   **Hausaufgabe**

Von 1959 bis 1969 vergrößerte die General Electric Company die Zahl ihrer Produktionsbetriebe in Übersee von 21 auf 82. Sie wird in Zukunft noch weitere Betriebe dieser Art errichten, in Singapur, Hongkong, Mexiko, Irland, Europa. Diese rasche Expansion von
5 General Electric in Übersee ist nicht ungewöhnlich. Auslandsinvestitionen für die großen US-Konzerne sind – wie die Wirtschaftspresse zeigt – in zunehmendem Maß attraktiv geworden. Wirtschaftswissenschaftler aller politischen Tendenzen haben viel über die Auswirkungen dieser Investitionen auf die Länder der Dritten Welt, auf die internationale Zahlungsbilanz, den Welthandel und die diplomatischen Beziehungen geschrieben.

r Betrieb, -e *plant*	s Maß, -e *measure*
Übersee *overseas*	r Wissenschaftler, - *scientist*
e Zukunft *future*	(e Wissenschaft, -en *science*)
e Art, -en *kind*	e Auswirkung, -en *effect, repercussion*
gewöhnlich *usual*	dritt- *third*
s Ausland *abroad*	e Zahlung, -en *payment*
e Wirtschaft *economy*	r Handel *trade*
werden, wurde, geworden *to become*	e Beziehung, -en *relation*

Die Bundesrepublik Deutschland
im Rahmen der Europäischen Gemeinschaft

LT 3.1   1   **EG – die Europäische Gemeinschaft**

Der erste Schritt zu einer wirtschaftlichen Integration in Europa war 1951 die Gründung der Europäischen Gemeinschaft für Kohle und Stahl (Montanunion, EGKS) durch Belgien, die Bundesrepublik Deutschland, Frankreich, Italien, Luxemburg und die Niederlande. Der
5 zweite Schritt zu einem gemeinsamen europäischen Wirtschaftsraum war 1958 die Bildung der Europäischen Wirtschaftsgemeinschaft (EWG) durch dieselben sechs Staaten. Zum 1. Januar 1973 traten Großbritannien, Irland und Dänemark den Europäischen Gemeinschaften[1] bei, am 1. 1. 1981 auch Griechenland.

LT 3.2   **Hausaufgabe: EFTA[2] – die Europäische Freihandelszone**

1 Großbritannien, Schweden, Norwegen, Dänemark, Österreich, die Schweiz und Portugal schlossen sich 1960 zur EFTA zusammen. 1970 trat Island als weiteres Mitglied bei. Finnland ist assoziiert. Die EFTA hat bis Ende 1960 praktisch alle Zölle und Kontingente für den
5 Import von Waren aus den Partnerländern beseitigt, mit Ausnahme von Agrarerzeugnissen und Meeresprodukten. Mit der Erweiterung der Europäischen Gemeinschaft sind Großbritannien, Irland und Dänemark zum 31. Dezember 1972 aus der EFTA ausgetreten.

r Zoll, ⸚e *duty*	s Meer, -e *sea*
e Ausnahme, -n *exception*	e Erweiterung, -en *enlargement*

_____

[1] EWG, EGKS, EURATOM (= Europäische Atomgemeinschaft)
[2] EFTA = *European Free Trade Association,* Sitz in Genf

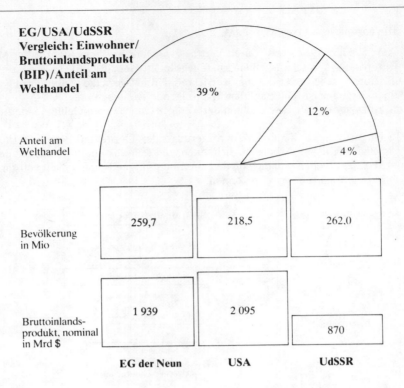

**EG/USA/UdSSR
Vergleich: Einwohner/
Bruttoinlandsprodukt
(BIP)/Anteil am
Welthandel**

Anteil am
Welthandel

39 %   12 %   4 %

Bevölkerung
in Mio   259,7   218,5   262,0

Bruttoinlands-
produkt, nominal   1 939   2 095   870
in Mrd $

EG der Neun   **USA**   **UdSSR**

Diagramm 3.1

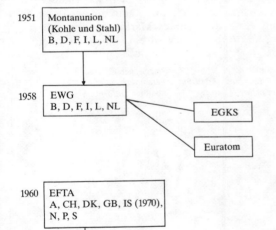

1951 Montanunion
      (Kohle und Stahl)
      B, D, F, I, L, NL

1958 EWG
      B, D, F, I, L, NL ————— EGKS

      ————— Euratom

1960 EFTA
      A, CH, DK, GB, IS (1970),
      N, P, S

      Abschaffung von Zöllen
      für Partnerländer

Diagramm 3.2

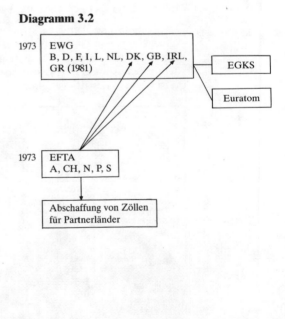

1973 EWG
      B, D, F, I, L, NL, DK, GB, IRL,
      GR (1981) ————— EGKS

      ————— Euratom

1973 EFTA
      A, CH, N, P, S

      Abschaffung von Zöllen
      für Partnerländer

LT 4.1 1 **Die europäische Investitionsbank**

Am 25. März 1957 wurde durch Vertrag zwischen den sechs Staaten der Montanunion die Europäische Wirtschaftsgemeinschaft gegründet. Gemäß Artikel 129 dieses Vertrages wurde die Europäische Investitionsbank errichtet, deren Zweck die Durchführung von Investitions-
5 finanzierungen ist. Die Bank hat u. a. folgende Aufgaben:
1. Finanzierung zur Erschließung der weniger entwickelten Gebiete innerhalb der Gemeinschaft.
2. Finanzierungen für die Modernisierung oder Umstellung von Unternehmen oder zur Schaffung neuer Arbeitsmöglichkeiten, die sich aus der Entwicklung des gemeinsamen
10 Marktes ergeben und die von den einzelnen Mitgliedstaaten nicht vollständig mit eigenen Mitteln finanziert werden können.

Diagramm 4.1

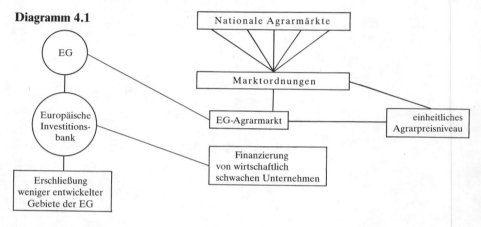

LT 4.2 1 **Hausaufgabe: Der gemeinsame Agrarmarkt**

Der gemeinsame Agrarmarkt ist das Herzstück der EG. Er bedeutet freien Handel mit Agrarerzeugnissen innerhalb der EG. Die Verschmelzung der vorher getrennten nationalen Agrarmärkte zu einem einzigen gelang mit Hilfe sogenannter Marktordnungen für die
5 wichtigsten Agrarerzeugnisse; durch diese Marktordnungen wird ein einheitliches Agrarpreisniveau in der EG gehalten.

s Herzstück *core*	gelingen, gelang, gelungen *to succeed*
e Verschmelzung, -en *fusion*	sogenannt *so-called*
vorher *before*	einheitlich *uniform*

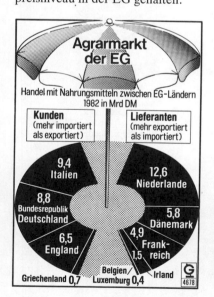

Der gemeinsame Agrarmarkt der EG hat keinen allzu guten Ruf – wegen der hohen Kosten, der Überschüsse und der jährlichen mühsamen Verhandlungen über die Agrarpreise. Und trotzdem wächst und floriert der Markt. Insgesamt exportierten alle EG-Länder zusammengenommen im vergangenen Jahr Nahrungsmittel im Wert von 87 Milliarden Mark in andere EG-Länder.

QUELLE: GLOBUS

Die freie Marktwirtschaft

1 **Wettbewerb und Konsumentensouveränität**

Wenn eine Marktwirtschaft richtig funktionieren soll, muß Wettbewerb herrschen, und die Konsumenten müssen frei und unabhängig entscheiden können. Die Frage jedoch, wie wettbewerbsintensiv die amerikanische Volkswirtschaft ist und welcher Grad von Konsumen-
5 tensouveränität besteht, ist umstritten. Die Situation ist bei anderen gegenwärtigen Marktwirtschaften ähnlich. Die Marktform des reinen oder vollkommenen Wettbewerbs ist selten. Geschmack und Wahl des Konsumenten werden oft durch externe Faktoren bestimmt, auf die er wenig oder keinen Einfluß hat.

Der amerikanische Durchschnittskonsument ist durch Zeitungen, Zeitschriften, Radio,
10 Werbung am Straßenrand und besonders durch das Fernsehen beständig der Werbung ausgesetzt. Wie unabhängig der Konsument in der heutigen amerikanischen Wirtschaft tatsächlich ist, läßt sich schwer sagen.

Diagramm 5.1

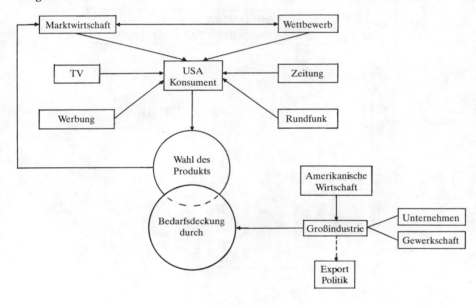

1 **Hausaufgabe: Kernbereiche der US-Wirtschaft**

Die Macht der amerikanischen Volkswirtschaft beruht auf ihrer Industrie, deren Kernstück große Unternehmen und große Gewerkschaften darstellen. Die Entscheidungen, die von diesen großen Wirtschaftseinheiten getroffen werden, haben enorme Auswirkungen auf die
5 Ökonomie der Nation. Von den Entwicklungen in diesem Kernbereich gehen starke Rückwirkungen aus; sie sind deshalb von besonderem öffentlichen Interesse.

e Macht, -̈e *power*   e Rückwirkung, -en *repercussion*
e Einheit, -en *unit*   öffentlich *public*
e Auswirkung, -en *effect*

LT 5.3   1 **Zusatztext**

Das Wirtschaftssystem der Vereinigten Staaten beruht auf dem Prinzip der freien Marktwirtschaft. Seine Aufgabe ist es, die Bedürfnisse und Wünsche der Konsumenten in den USA und
im Ausland zu befriedigen. Ihre stärksten Impulse erhält sie vom Gewinnstreben des
5 einzelnen und vom Wettbewerb konkurrierender Anbieter von Waren und Dienstleistungen.
Die Ausrichtung auf die Prinzipien einer freien Marktwirtschaft hat die Wirtschaft der USA
zu höchster Leistungsfähigkeit geführt. Mit einem Anteil von 5,5 Prozent an der Weltbevöl-
kerung auf einer Fläche von sechs Prozent der Landmasse der Erde bestreiten die Vereinigten
Staaten über ein Viertel der gesamten Weltproduktion.

s Bedürfnis, -se *need*   e Leistungsfähigkeit *efficiency*
s Gewinnstreben *profit motive*   s Viertel,- *quarter*
r Anbieter,- *offerer*

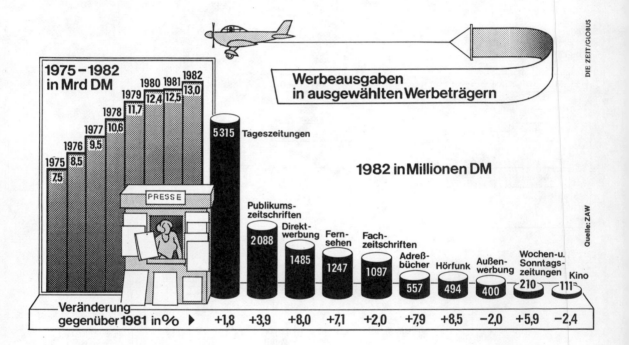

Arbeitsverhältnis und soziale Fürsorge

LT 6.1   1 **Sozialer Schutz und Betriebsverfassung**

Heute ist der soziale Schutz der Arbeitnehmer in der Bundesrepublik umfassend. Die
moderne Sozialpolitik zielt über die materielle und rechtliche Sicherung der Arbeitnehmer
hinaus. Die Forderung nach mehr Mitbestimmung und Demokratie am Arbeitsplatz erscheint
5 als wichtiger Kernbereich der Sozialpolitik. Das Gesetz gibt den Arbeitnehmern Mitbestimmungsrechte im Betrieb, vor allem in sozialen und personellen Fragen. Das Alleinentscheidungsrecht der Unternehmensleitungen ist damit in wesentlichen Bereichen eingeschränkt
worden. Das Betriebsverfassungsgesetz gilt für alle Betriebe mit mindestens fünf Beschäftigten und damit nahezu für die gesamte deutsche Wirtschaft. Auch Beamte und andere
10 Bedienstete des Staates haben Mitbestimmungsrechte; sie sind – wegen der besonderen
Bedingungen des öffentlichen Dienstes – durch ein eigenes Personalvertretungsgesetz geregelt.

Diagramm 6.1

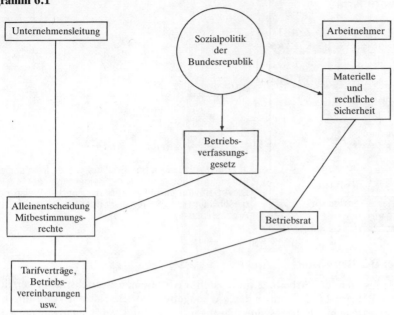

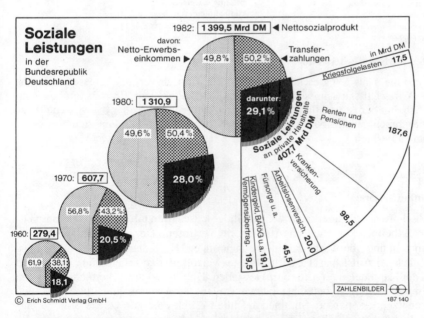

Vom Nettosozialprodukt der Bundesrepublik Deutschland, das ist die Summe der Erwerbseinkommen einschließlich der indirekten Steuern, entfällt rund die Hälfte auf Transferzahlungen. 1960 betrug dieser Anteil erst 38 Prozent. Die Strukturverschiebung geht entscheidend auf die Ausweitung der sozialen Leistungen an private Haushalte zurück, deren relatives Gewicht sich von 18 auf 29 Prozent des Nettosozialprodukts erhöhte.

QUELLE: ZAHLENBILDER

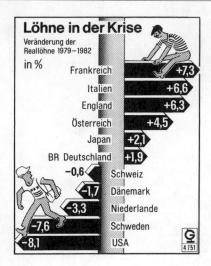

Löhne in der Krise
Veränderung der
Reallöhne 1979–1982
in %

Frankreich	+7,3
Italien	+6,6
England	+6,3
Österreich	+4,5
Japan	+2,1
BR Deutschland	+1,9
−0,6	Schweiz
−1,7	Dänemark
−3,3	Niederlande
−7,6	Schweden
−8,1	USA

In Frankreich, Italien und England gab es trotz schlechter
Konjunktur noch ansehnliche Steigerungen der Reallöhne.
Die Arbeitnehmer zahlten freilich auf andere Weise, denn in
diesen Ländern verloren besonders viele von Ihnen den
Arbeitsplatz.

QUELLE: GLOBUS

LT 6.2

1 **Hausaufgabe: Der Betriebsrat**

Alle drei Jahre wählen die Arbeitnehmer aus ihrer Mitte einen Betriebsrat; er vertritt die
Interessen der Belegschaft gegenüber dem Arbeitgeber. Der Betriebsrat kontrolliert, daß
Gesetze, Tarifverträge und Betriebsvereinbarungen eingehalten werden und daß der Arbeit-
5 geber nicht einseitig betriebliche Maßnahmen ergreift, die zu Lasten der Arbeitnehmer gehen
könnten.

r Betriebsrat, ⁻e *workers' council*   einseitig *unilateral*
e Belegschaft, -en *staff*   Maßnahmen ergreifen *to take steps*
r Tarifvertrag, ⁻e *collective wage agreement* zu Lasten von *at the expense of*
e Vereinbarung, -en *agreement*

LT 6.3

1 **Zusatztext: Der Wirtschaftsausschuß**

In Betrieben mit mehr als 100 Beschäftigten sieht das Betriebsverfassungsgesetz auch die
Bildung eines Wirtschaftsausschusses vor, dessen Mitglieder vom Betriebsrat bestimmt
werden. Der Arbeitgeber ist verpflichtet, den Ausschuß regelmäßig über die wirtschaftliche
5 Lage des Unternehmens sowie über Investitions- und Rationalisierungspläne zu unterrichten
und sie mit ihm zu beraten.

r Ausschuß, ⁻sse *committee, board*   e Lage, -n *situation*
ist verpflichtet *is bound to*   beraten (hier) *to discuss*

LT 6.4

1 **Zusatztext: Mitbestimmung**

In Aktiengesellschaften und anderen großen Kapitalgesellschaften mit mehr als 500 Beschäftigten sind die Arbeitnehmer auch im Aufsichtsrat vertreten. Der Aufsichtsrat setzt die
Geschäftsleitung ein und überwacht deren Entscheidungen. Nach dem Betriebsverfassungs-
5 gesetz muß nämlich der Aufsichtsrat je zur Hälfte aus Vertretern der Arbeitnehmerschaft und
aus Vertretern der Kapitaleigner (Aktionäre) bestehen. Damit sind die Arbeitnehmer an den
Unternehmensentscheidungen beteiligt, jedoch stellen die Kapitaleigner zusätzlich den
Aufsichtsratsvorsitzenden, der bei Stimmengleichheit durch eine zusätzliche Stimme entscheiden kann. In den großen Unternehmen des Montanbereichs (Bergbau und Metallindu-
10 strie), d. h. Unternehmen mit mehr als 1000 Beschäftigten, muß der Aufsichtsrat ebenfalls
paritätisch, d. h. je zur Hälfte mit Arbeitnehmer- und Kapitalvertretern, besetzt sein.
Außerdem ist ein von der Mehrheit der Arbeitnehmervertreter gewählter Arbeitsdirektor als
Vorstandsmitglied für den personellen und sozialen Bereich des Unternehmens verantwortlich.

e Aktiengesellschaft, -en *joint-stock corporation*
r Aufsichtsrat, ⁼e *board of supervisors*
e Geschäftsleitung, -en *management*
s Drittel *one third*
r Kapitaleigner *capital owner*
r Aktionär, -e *shareholder*
beteiligt sein an *to take part in*

jedoch *but*
e Mehrheit, -en *majority*
e Hälfte, -n *half*
außerdem *also, furthermore*
r Arbeitsdirektor, -en *labour-relations director*
r Vorstand, ⁼e *executive board*
verantwortlich *responsible*

LT 7.1

1 Wer sind die Sozialpartner?

27 Millionen Einwohner der Bundesrepublik – 44 % der Bevölkerung – sind erwerbstätig. Die
Zahl der Arbeiter, Angestellten, Beamten und Lehrlinge erreichte 1978 über 25 Millionen.
Zu ihnen gehören auch über zwei Millionen ausländische Arbeitnehmer. Die Zahl der
5 Selbständigen beträgt über zweieinhalb Millionen; die meisten von ihnen beschäftigen neben
anderthalb Millionen Familienangehörigen noch weitere Arbeitskräfte. Sie sind also – genau
wie die rund 90 000 Kapitalgesellschaften, wie Staat, Post, Bahn oder Kirchen – Arbeitgeber.
Arbeitgeber und Arbeitnehmer sind Sozialpartner.

LT 7.2

1 Die Gewerkschaften

Arbeitnehmer und Arbeitgeber sind in Gewerkschaften bzw. in Arbeitgeberverbänden
organisiert, die sich als gleichberechtigte Verhandlungspartner gegenüberstehen. Im Deutschen Gewerkschaftsbund (DGB) – 7 Millionen Mitglieder – sind 16 Einzelgewerkschaften
5 zusammengeschlossen. Der DGB umfaßt alle gesellschaftlichen Gruppen innerhalb der
Arbeitnehmerschaft – gleich welcher politischen Richtung. Außerhalb des DGB bestehen
noch weitere Gewerkschaftsverbände. In ihren Tarifverträgen regeln Gewerkschaften und
Arbeitgeberverbände die Bedingungen des Arbeitslebens autonom, d. h. ohne Mitwirkung
des Staates. Diese Tarifautonomie ist die Basis für die Zusammenarbeit der Sozialpartner.

r Verband, ⁼e *association*
gleich *equal*
e Verhandlung, -en *negotiation*
r Gewerkschaftsbund *Trade Union Federation*
gesellschaftlich *social*

innerhalb (+ Gen.) *within*
außerhalb (+ Gen.) *besides, in addition to*
weiter *other, further*
r Arbeitgeberverband, ⁼e *employers' association*
Mitwirkung des Staates *government participation*

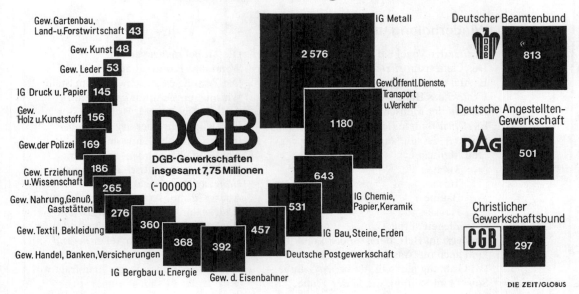

Gewerkschaftsmitglieder in 1000

Gew. Gartenbau, Land-u.Forstwirtschaft 43
Gew. Kunst 48
Gew. Leder 53
IG Druck u. Papier 145
Gew. Holz u.Kunststoff 156
Gew. der Polizei 169
Gew. Erziehung u.Wissenschaft 186
Gew. Nahrung,Genuß, Gaststätten 265
Gew. Textil, Bekleidung 276
Gew. Handel, Banken,Versicherungen 360
IG Bergbau u. Energie 368
Gew. d. Eisenbahnen 392
Deutsche Postgewerkschaft 457
IG Bau,Steine,Erden 531
IG Chemie, Papier,Keramik 643
1180 Gew.Öffentl.Dienste, Transport u.Verkehr
IG Metall 2 576

DGB
DGB-Gewerkschaften insgesamt 7,75 Millionen
(-100000)

Deutscher Beamtenbund 813
Deutsche Angestellten-Gewerkschaft DAG 501
Christlicher Gewerkschaftsbund CGB 297

DIE ZEIT/GLOBUS

LT 7.3   **Zusatztext: Der Inhalt des Arbeitsvertrages** *(Zusatztext)*

Die folgenden 18 Punkte stellen eine Grundstruktur des schriftlichen Arbeitsvertrages dar:
 1. die genaue Bezeichnung der Vertragspartner,
 2. der Beginn des Arbeitsverhältnisses,
 3. die Dauer der Probezeit,
 4. Kündigungsfristen während und nach der Probezeit,
 5. Art der Tätigkeit,
 6. Arbeitszeit und Pausen,
 7. das Arbeitsentgelt,
 8. sonstige Bezüge,
 9. Zuschläge für Überstunden, Nachtarbeit-, Sonn- und Feiertagsarbeit,
 10. bezahlte Dienstbefreiung bei außergewöhnlichen Anlässen,
 11. unbezahlte Dienstbefreiung,
 12. Urlaub,
 13. Sozialleistungen,
 14. Vorschriften über Sicherheit und Ordnung im Betrieb,
 15. Wettbewerbsverbot,
 16. Nebentätigkeiten,
 17. Ruhegeld,
 18. Gerichtsstand.

schriftlich *written*
genau *exact*
e Bezeichnung, -en *name, identification*
e Kündigung, -en *notice*
während (+ Gen.) *during*
e Tätigkeit, -en *activity*
s Entgelt, -e *pay, remuneration*
sonstig- *other*
Bezüge (pl.) *earnings, emoluments*
r Zuschlag, ⁼e *supplementary pay*
bezahlen *to pay*
r Dienst, -e *service*

e Dienstbefreiung, -en *exemption from service*
außergewöhnlich *extraordinary*
r Anlaß, ⁼sse *reason, occasion*
r Urlaub *vacation*
e Sozialleistung, -en *fringe benefits*
e Vorschrift, -en *regulation*
r Betrieb, -e (hier) *business, operation*
s Verbot, -e *prohibition*
e Nebentätigkeit, -en *subsidiary activity*
s Ruhegeld, -er *retirement benefit*
r Gerichtsstand, ⁼e *jurisdiction*

Wiederholung und Transfer

LT 7.4

Es *sitzt* der Vogel auf dem Ast,
Das Liebespaar *sitzt* auf der Bank,
Es *sitzt* der Seemann auf dem Mast,
Es *steht* das Buch im Bücherschrank.
Es *steht* der Mensch, der Tisch, der Turm,
Es *stehen* Bäume, Häuser, Ziegen.
Noch *stehen* sie. Nun kommt ein Sturm,
Und Menschen,
    Tische,
    Türme,
    Bäume,
    Häuser,
    Ziegen *liegen*.
Du *liegst* im Bett, denn du bist krank,
Und auch die Wäsche *liegt* im Schrank,
Wo Ordnung herrscht, da *stehen* Schuhe,
Sowohl im Schrank wie in der Truhe.

Die Möbel *stehen* vertikal,
Wenn ihre Position normal;
Die Zeitung ist zu schwach zum Stehn,
Wir müssen sie drum *liegen* sehn,
Auch Löffel, Gabel, Brille, Messer
Und Kugelschreiber *liegen* besser.
In der Gardrobe *hängt* der Nerz,
Am Geld alleine *hängt* mein Herz,
Ein Bild, grammatisch ihm verwandt,
Hängt an dem Nagel an der Wand.
Auch Kirsche, Apfel, Birne, Pflaume
Hängen zunächst einmal am Baume,
Doch wenn an Reife sie genügend,
Sieht man sie auf dem Teller *liegend*.

Hier herrscht noch Ruhe, man fragt **wo?**,
Doch leider ist's nicht immer so:

Der Vogel *setzt* sich auf den Ast,
Der Seemann *setzt* sich auf den Mast,
Das Pärchen *setzt* sich auf die Bank,
Du *stellst* die Bücher in den Schrank,
Und ordnungsliebend *stellt* die Schuhe
Man abends in die Schuhe-Truhe.
Man *stellt* die Möbel in ein Zimmer,
Dort *stehn* sie dann, zunächst für immer;
Und fraglos ist es Gottes Wille:
Wir *legen* Löffel, Gabel, Brille

So auf den Tisch wie in den Schrank;
Wir *legen* uns ins Bett, wenn krank.
Hängt die Picassos an die Wände!
(Nur Mut, wir sind jetzt gleich am Ende.)
Dorthin, wo sich die Kleider drängen,
Laßt uns den Nerz nun auch noch *hängen!*
Das Herz *liegt* sicher, Gott sei Dank,
Gleich bei dem Gelde auf der Bank.

Hier ist, ihr seht, Bewegung drin;
Jetzt tut man was und fragt: **wohin?**

Post- und Transportwesen

1   62 Millionen Menschen leben in der Bundesrepublik Deutschland. Jeder nimmt rund 400mal   **LT 8.1**
im Jahr ein Verkehrsmittel in Anspruch. Außerdem läßt die Wirtschaft jährlich 3 Milliarden
Tonnen (t) Güter transportieren, leichte und schwere, feste und flüssige ebenso wie verderbli-
che und gefährliche Produkte.
Mit vielen Arten von Verkehrsmitteln wird die steigende Nachfrage nach Transportleistun-
5   gen befriedigt: mit Eisenbahnen, Kraftfahrzeugen und Schiffen, Flugzeugen und Rohrleitungen. 1985 werden diese Verkehrsmittel voraussichtlich 35 Milliarden Personen zu befördern
haben. Dazu kommt der Transport von fünf Milliarden Tonnen Gütern.
Die Eisenbahnen befördern jährlich 360 Millionen t Güter und mehr als eine Milliarde
Personen. Die Deutsche Bundesbahn hat ein Streckennetz von über 29 000 km[1]. Das
10   Straßennetz für den Autoverkehr hat eine Länge von 480 000 km.

Diagramm 8.1

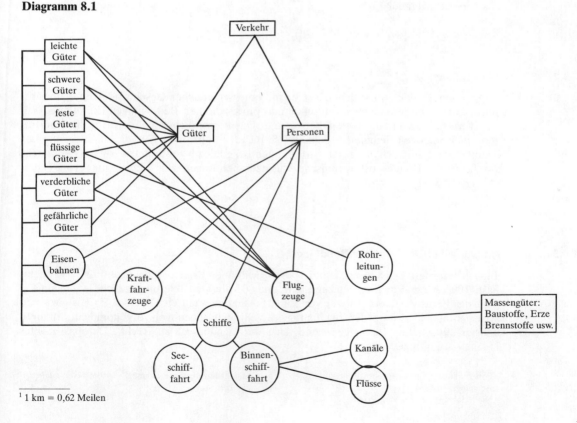

———————
[1] 1 km = 0,62 Meilen

LT 8.2   1   **Hausaufgabe**

Die Hauptaufgabe der deutschen Binnenschiffahrt ist der Transport von Massengut, also die Versorgung der Wirtschaft mit Baustoffen, Erzen, Brennstoffen und vielen anderen Materialien. Es gibt heute rund 4400 km regelmäßig von der Schiffahrt benutzte Flüsse und Kanäle. 5 Sie werden nach einheitlichen technischen Merkmalen ausgebaut und modernisiert: der Rhein, die Mosel, die Elbe, die Weser, das Kanalnetz. Beim Transport von flüssigem Massengut hat die Binnenschiffahrt von den Pipelines Konkurrenz bekommen. Es gibt insgesamt über 3000 km Rohrleitungen: 1600 km sorgen für den Rohöltransport, 700 km für Mineralölprodukte, der Rest für andere, meist chemische Stoffe.

e Binnenschiffahrt *inland shipping*	r Brennstoff, -e *fuel*
bauen *to build*	s Merkmal, -e *sign, specification*
s Erz, -e *mineral*	e Milliarde, -n *billion*

LT 9.1   1   **Das Postwesen**

In unserem technischen Zeitalter mit seiner hochindustrialisierten Gesellschaft gehört das Postwesen als bedeutender Faktor der wirtschaftlichen, sozialen und kulturellen Entwicklung zu den wichtigsten Voraussetzungen des menschlichen Zusammenlebens; es stellt ein wesent- 5 liches Instrument der staatlichen Infrastruktur dar. In unserer modernen Zeit wickelt sich der internationale Postverkehr in mehreren Bereichen ab: weltweit im Rahmen des Weltpostvereins, regional in Europa, vor allem innerhalb der Europäischen Konferenz der Verwaltungen für Post und Fernmeldewesen (CEPT), und daneben noch bilateral mit praktisch allen Postverwaltungen der Erde.

LT 9.2   1   *(Fortsetzung von 9.1)*

Daten können in den öffentlichen Netzen mit unterschiedlichen Geschwindigkeiten übertragen werden. Die jeweiligen technischen und physikalischen Bedingungen charakterisieren ihre Verwendung und die Datenübertragung. Das Fernsprechwählnetz ist für die Übertra- 5 gung von analogen Signalen – d. h. für Sprache – konzipiert. Für die Übertragung der digitalen Daten müssen diese erst in tonfrequente Signale umgewandelt werden. Hierzu stellt die Deutsche Bundespost technische Zusatzeinrichtungen zur Übertragung von Daten *(Modem)* bereit.

LT 9.3   1   **Hausaufgabe: Die Deutsche Bundespost**

Täglich befördert die Deutsche Bundespost 42 Millionen Briefsendungen und 728000 Pakete. Fast 17000 Telegramme werden zugestellt, und 66 Millionen Telefongespräche laufen am Tag über das Fernsprechnetz. In vier von fünf Haushalten steht ein Telefon. Im Postgiro- und 5 Postsparkassendienst werden Tag für Tag 4,9 Millionen Buchungen vorgenommen. Mit ihren nahezu 20000 Niederlassungen nennt sich die Bundespost zu Recht „Europas größtes Dienstleistungsunternehmen".

e Postsparkasse, -n *post-office savings bank*	s Dienstleistungsunternehmen, - *service sector, public service company*
e Buchung, -en *booking, entry*	
e Niederlassung, -en *branch, agency*	

Diagramm 9.3

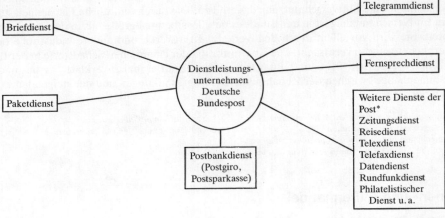

```
                                          Telegrammdienst

   Briefdienst

                        Dienstleistungs-        Fernsprechdienst
                          unternehmen
                            Deutsche
   Paketdienst              Bundespost      Weitere Dienste der
                                            Post*
                                            Zeitungsdienst
                                            Reisedienst
                                            Telexdienst
                        Postbankdienst       Telefaxdienst
                        (Postgiro,           Datendienst
                        Postsparkasse)       Rundfunkdienst
                                            Philatelistischer
                                              Dienst u. a.
```

*Im Text nicht erwähnt.

1 **Zusatztext: Werbetext der Bundespost**

Dieses Geschäftskonto arbeitet vor allem sehr schnell und sehr preisgünstig. Das Postgirokonto.

5 Es arbeitet schnell, in beide Rich-tungen. Mit den Überweisungen kann man deshalb bis kurz vor dem Zahlungstermin warten. Der Kontoauszug kommt postwen-
10 dend nach jeder Buchung. So hat man den aktuellen Konto-stand immer parat. Und es ist preisgünstig. Für 26 bis 50 Bu-chungen zum Beispiel bezahlt man im Monat 4,– DM, ein- 15 schließlich der Kontoauszüge.
Es spricht vieles dafür, auch bei der Post ein Girokonto zu haben. Auch deshalb, weil ein Postgiro-konto auf dem Rechnungsfor- 20 mular guter Kundendienst ist. Denn viele Ihrer Kunden arbeiten längst mit einem Girokonto bei der Post.

PostGiro – PostSparen 25
Die Bankleistungen der Post

s Geschäftskonto, -en *business (overhead-charges) account*
s Postgirokonto, -en *postal giro (checking) account*
e Überweisung, -en *remittance, money tranfer*
r Zahlungstermin, -e *day of payment*
r Kontoauszug, ⁼e *bank statement*
r Kontostand, ⁼e *balance, state of an account*

s Postscheckkonto, -en *postal checking account*
s Rechungsformular, -e *billhead, printed bill from*
r Kundendienst, -e *service (to the customer), servicing of customers*
e Bankleistung, -en *bank service (s), services rendered by a bank*

LT 9.5 1 **Zusatztext: Umweltverschmutzung**

In den Ballungsgebieten, also in dichtbevölkerten Gebieten mit viel Industrie und starkem Verkehr, nimmt die Luftverschmutzung dauernd zu. Die durchschnittliche Flächenbelastung durch Luftverschmutzung ist in der Bundesrepublik siebenmal größer als in den Vereinigten
5 Staaten. Sie wird vor allem durch den Verkehr, Kraftwerke und andere industrielle oder gewerbliche Anlagen verursacht. Die Konzentration der chemischen Schadstoffe in der Luft gefährdet Menschen, Tiere und Pflanzen. Wissenschaftler haben erklärt, es bestünden Zusammenhänge zwischen der Zunahme der Krebserkrankungen und der steigenden Luftverschmutzung.

s Ballungsgebiet, -e *agglomeration, urban center*
e Luftverschmutzung *air pollution*
e Flächenbelastung, -en *impact of pollution on an area*
gewerbliche Anlagen (pl.) *commercial/industrial installations*

r Schadstoff, -e *polluting substance*
e Krebserkrankung, -en *cancerous disease*

Binnen- und Außenhandel

LT 10.1 1 **Export der Bundesrepublik Deutschland**

Der Export spielt eine immer größere Rolle im Wirtschaftsleben der Bundesrepublik Deutschland. Gegenwärtig erreichen die exportierten Güter einen Wert, der 27 % des Bruttosozialprodukts entspricht. Dies bedeutet, daß etwa jeder fünfte deutsche Erwerbstä-
5 tige für den Export arbeitet. Die beiden größten Handelspartner der Bundesrepublik Deutschland sind Frankreich und die Niederlande. Beide Länder gehören zur EG, beide sind hochentwickelte Industriestaaten. Vom deutschen Gesamtexport gingen 1981 rund 77 % in Industrieländer; 75 % kamen dorther. Die EG der sechs Mitgliedstaaten war im Jahre 1957 nur mit 26,5 % am deutschen Außenhandel beteiligt; dieser Anteil stieg 1979 auf 47 %.

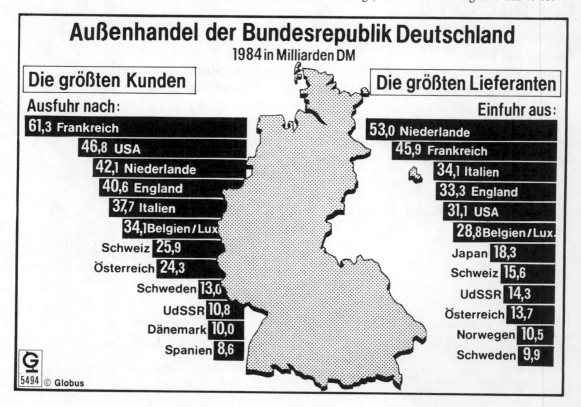

Außenhandel der Bundesrepublik Deutschland
1984 in Milliarden DM

Die größten Kunden

Ausfuhr nach:

61,3 Frankreich
46,8 USA
42,1 Niederlande
40,6 England
37,7 Italien
34,1 Belgien/Lux.
Schweiz 25,9
Österreich 24,3
Schweden 13,0
UdSSR 10,8
Dänemark 10,0
Spanien 8,6

Die größten Lieferanten

Einfuhr aus:

53,0 Niederlande
45,9 Frankreich
34,1 Italien
33,3 England
31,1 USA
28,8 Belgien/Lux.
Japan 18,3
Schweiz 15,6
UdSSR 14,3
Österreich 13,7
Norwegen 10,5
Schweden 9,9

5494 © Globus

1 **Grund der Exportabhängigkeit**

Die große Abhängigkeit von der Außenwirtschaft hat folgenden Grund: Die Bundesrepublik Deutschland ist ein äußerst dicht besiedeltes Industrieland mit nur sehr geringen eigenen Rohstoffvorkommen; die einzigen „Rohstoffe", über die sie reichlich verfügt, sind ein hoher
5 Stand ihrer Technologie, eine gute Ausbildung der Bevölkerung und ein leistungsfähiger Produktionsapparat. Die deutsche Volkswirtschaft muß diese Aktivposten im Außenhandel einsetzen – nicht nur, um sich mit Nahrungsmitteln, Rohstoffen und Energieträgern aus dem Ausland zu versorgen, sondern auch, um die rasch steigende Einfuhr jener Industrieerzeugnisse zu bezahlen, die im Ausland besser oder billiger hergestellt werden.

1 **Exporterzeugnisse** *(Hausaufgabe)*

An der Spitze aller Ausfuhrgüter stehen Maschinen; die deutsche Wirtschaft ist der größte Maschinenexporteur der Welt. Auch Kraftwagen, die auf dem zweiten Platz in der Exportliste stehen, exportierte die Bundesrepublik 1973 mehr als irgendein anderes Land. Nummer
5 drei sind die Erzeugnisse der chemischen Industrie.
Die drei wichtigsten Gruppen der Einfuhr – Nahrungsmittel und Genußmittel, Metalle und Erze, Mineralöl und Erdgas – machen zusammen fast die Hälfte der Gesamteinfuhr aus. Knapp 40 % der erforderlichen Nahrungs- und Futtermittel werden eingeführt; die Energieversorgung ist sogar zu 55 % und die Versorgung mit Erzen und Metallen fast völlig von
10 Einfuhren aus dem Ausland abhängig.

irgendein *any*	knapp *almost*
Nahrungsmittel (pl.) *foodstuffs*	s Futtermittel, - *animal food*
Genußmittel (pl.) *semiluxuries*	

1 **Der Marktmechanismus**

Preissteigerungen für ein bestimmtes Gut führen bei gleichbleibenden oder geringfügig erhöhten Kosten zu wachsenden Gewinnen und bieten somit den Produzenten einen Anreiz, in Zukunft mehr zu fabrizieren. Also steigt das Angebot. Die Angebotssteigerung aber übt
5 einen Druck auf die Preise aus und setzt damit wieder eine rückläufige Preisentwicklung in Gang.
Preissenkungen bei bestimmten Gütern versetzen mehr Verbraucher in die Lage, ihre entsprechenden Bedürfnisse zu befriedigen. Folglich steigt die Nachfrage. Die Nachfragesteigerung führt zu Preiserhöhungen und damit ebenfalls wieder zu einer gegenläufigen Preisent-
10 wicklung. Diese Zusammenhänge offenbaren uns ein Kernstück der Volkswirtschaftslehre und der marktwirtschaftlichen Ordnung – den Markt- und Preismechanismus *(s. Seite 24):*

Diagramm 11.1

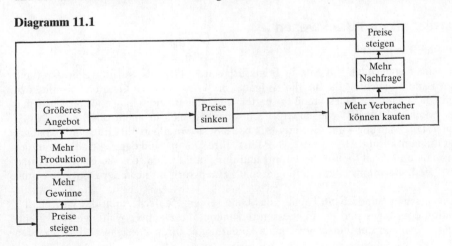

1. Angebot, Nachfrage und Preis stehen in einem engen wechselseitigen Zusammenhang.
2. Jede Veränderung eines dieser drei Marktfaktoren löst innerhalb der freien Marktwirtschaft Änderungen der beiden anderen Faktoren aus.
15 3. Der Preis spielt die Rolle des Regulativs. Er führt den Ausgleich von Angebot und Nachfrage und somit einen Gleichgewichtszustand herbei.
4. Der jeweilige Gleichgewichtspreis „räumt" den Markt.

LT 11.2 1 **Hausaufgabe: Die Ausgleichsfunktion des Preises**

Die verschiedenen Marktpartner verfolgen sehr unterschiedliche Ziele: Der Konsument will möglichst billig einkaufen, der Produzent möglichst teuer verkaufen, der Arbeitnehmer will möglichst hohe Einkünfte erzielen, der Arbeitgeber mit möglichst niedrigen Löhnen und
5 Gehältern auskommen. Wer kauft – seien es Waren oder Arbeitskraft – ist immer an niedrigen Preisen, wer verkauft – gleich ob seine Arbeitskraft oder Waren – ist immer an möglichst hohen Preisen interessiert. Diese widerstreitenden Interessen zum Ausgleich zu bringen, ist in der freien Marktwirtschaft die Aufgabe des Preises.

verschieden *different*	r Lohn, ⁼e *wage*
Einkünfte (pl.) *income, earnings*	zum Ausgleich bringen *to level, to adjust*

LT 11.3 1 **Zusatztext: Der Großhandel in der Bundesrepublik Deutschland**

In der Bundesrepublik Deutschland stieg der Umsatz des Großhandels von etwa 50 Mrd. DM im Jahre 1949 auf 780 Mrd. DM 1982. Der Wettbewerb in diesem Wirtschaftszweig wie auch der Kostendruck hat sich in den letzten Jahren verstärkt. Kleinere und nicht leistungsfähige
5 Unternehmen schieden aus dem Wettbewerb aus. Durch Rationalisierungsmaßnahmen ist die Zahl der Beschäftigten im Großhandel in den letzten Jahren stärker abgebaut worden. In den sechziger Jahren entstand im Großhandel eine neue Betriebsform, die Cash-and-Carry-Betriebe, die durch eine Verminderung der Großhandelsleistungen Waren preisgünstiger liefern als der traditionelle Großhandel. Der Cash-and-Carry-Großhandel bietet nach
10 dem Prinzip der Selbstbedienung ein breites Sortiment von Konsumgütern, vor allem Nahrungs- und Genußmittel, an.

r Umsatz, ⁼e *turnover, (total) sales*	letzt- *last*
r Großhandel *wholesale trade*	günstig *favourable*
r Zweig, -e *sector, branch*	klein *small*

Geldwirtschaft und Bankwesen

LT 12.1 1 **Die Deutsche Bundesbank**

Die Deutsche Bundesbank mit Sitz in Frankfurt wurde 1958 als Nachfolgerin der Bank Deutscher Länder errichtet. Sie hat die Aufgabe, die Wirtschaft mit Geld und Krediten zu versorgen, die Deutsche Mark stabil zu halten und den inländischen und ausländischen
5 Zahlungsverkehr zu regeln. Wie andere Zentralbanken hat sie allein das Recht, Noten auszugeben. Die Währungs- und Kreditpolitik betreibt sie vor allem mit Hilfe einer flexiblen Diskont-Offenmarkt- und Mindestreserve-Politik. Ihre Organe sind der Zentralbankrat, der die Währungs- und Kreditpolitik bestimmt, und das Direktorium, das die Bank leitet und verwaltet. Die Landeszentralbanken fungieren als Hauptverwaltungen der Deutschen Bun-
10 desbank.
Von der Deutschen Bundesbank beginnt das Geld seinen „Marsch durch die Wirtschaft". Erste Station des Weges sind die Landeszentralbanken, die Hauptverwaltungen der Deutschen Bundesbank in den einzelnen Bundesländern, mit ihren Zweiganstalten. Von den

Zweiganstalten aus gelangen die Banknoten zu den Geld- und Kreditinstituten, wie Banken
15 und Sparkassen, zur Deutschen Bundespost, zur Bundesbahn oder zu großen Unternehmen
der Wirtschaft.

1 **Hausaufgabe: Preissteigerung** LT 12.2

Der geringere Preisanstieg in der Bundesrepublik ist im wesentlichen ein Folge der behutsa-
meren Wirtschafts- und Finanzpolitik unserer Bundesregierung, der auf Stabilität bedachten
Währungs- und Kreditpolitik der Deutschen Bundesbank und der im großen und ganzen
5 maßvollen Lohn- und Gehaltsabschlüsse der Tarifvertragsparteien. Dadurch sind die Preise
weniger gestiegen als in den meisten anderen Ländern. Dies begünstigte in der Zeit der festen
Wechselkurse bis 1973 die Ausfuhr von Waren und Dienstleistungen und bremste die
Einfuhr. So entstanden die Überschüsse in der Waren- und Leistungsbilanz.

behutsam *cautious*
im großen und ganzen *altogether*
r Gehaltsabschluß, ⁼sse *conclusion of negotiations on sala-*
ries, bargaining agreements

maßvoll *moderate*
fest *fixed*
r Wechselkurs, -e *exchange rate*

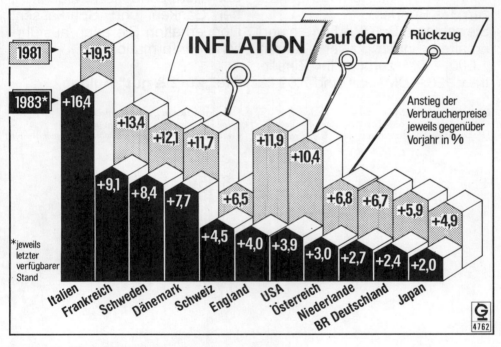

1 **Zusatztext: Wechselkurssysteme** LT 12.3

Die Deutsche Bundesbank muß in einem festen Wechselkurssystem immer dann an- oder
verkaufen, wenn Angebot von und Nachfrage nach ausländischen Währungen, den soge-
nannten Devisen, nicht übereinstimmen. Das war im Weltwährungssystem bis 1973 ebenso
5 Pflicht wie jetzt im Rahmen des Europäischen Währungssystems. So haben z. B. aufgrund des
früheren Ankaufszwanges gegenüber dem Dollar die Devisenbestände der Deutschen Bundesbank bis zum Frühjahr 1973 sehr stark zugenommen. Beim Floating besteht diese
Ankaufspflicht grundsätzlich nicht mehr. Um heftige Kursausschläge nach oben oder nach
unten zu mildern, greift die Bundesbank von Zeit zu Zeit am Devisenmarkt ein und kauft oder
10 verkauft Devisen.

e Pflicht, -en *duty*
r Rahmen, - *frame*
r Zwang, ⁼e *compulsion*

r Ankaufszwang *obligation to purchase*
r Devisenbestand, ⁼e *foreign exchange funds*
r Kursausschlag, ⁼e *exchange fluctuations*

Finanzierungs-Schätze: kurze Laufzeit – gute Zinsen

Sie suchen eine gewinnbringen-
5 de Geldanlage. Aber Sie möchten Ihr Geld nicht lange festlegen. Sie können beides haben:
kurze Laufzeit von 1 oder 2 Jahren und sicheren, festen Zinsge-
10 winn mit Finanzierungs-Schät-
zen des Bundes.
Sie zahlen z. B. 872,– DM ein und
erhalten nach zwei Jahren
1.000,– DM zurück. Ihr Zinser-
15 trag: 128,– DM. Das sind 7,09 %

Rendite pro Jahr. Bei einjähriger
Laufzeit beträgt die Rendite
5,82 %.
Eine vorzeitige Rückgabe ist
nicht möglich. Finanzierungs- 20
Schätze gibt es ab 1.000,– DM
bei allen Landeszentralbanken,
bei Banken und Sparkassen.
Dort erhalten Sie auch ausführ-
lichere Informationen. 25

Die „kurz & gut" Anlage.

e Laufzeit, -en *period to run, term (of investment)*
Geld festlegen *to invest/put out money in a time deposit*
„Finanzierungs-Schätze" *treasury bills (US), government notes (Br.)*

r Zinsertrag, ⸚e *yield, interest proceeds*
e Rendite, -n *revenue, investment (net) return*
e vorzeitige Rückgabe *presentation for payment before end of period to run*

Sprachbeherrschung

Übungen zu Lesetexten 1 Exercises   Ü LT 1

1. Antworten Sie kurz:

a) Wer ist Präsident der USA?
b) Wer ist Bundeskanzler der Bundesrepublik Deutschland?
c) Wo sitzt die Regierung der USA?
d) Wo sitzt die Regierung der Bundesrepublik Deutschland?
e) Wer ernennt in den USA die Kabinettsmitglieder?
f) Wer entläßt sie?
g) Wer sind die wichtigsten Außenhandelspartner der USA?
h) Wie viele Kammern hat das Parlament der Bundesrepublik Deutschland?
i) Wie viele Quadratkilometer Fläche haben die USA?
j) Für wie viele Jahre wird der Präsident der USA gewählt?
k) Wie oft ist der Präsident der USA wiederwählbar?
l) Wie groß ist die Fläche der Bundesrepublik Deutschland?
m) Gilt das mit oder ohne West-Berlin?
n) Wie heißt die deutsche Währung?
o) Wie heißt die amerikanische Währung?
p) Wieviel Mark sind ein Dollar?
q) Was exportieren die USA?
r) Was importieren die USA?
s) Was exportiert die Bundesrepublik Deutschland?
t) Welche Produkte zählen zur Landwirtschaft?
u) Welche Produkte zählen zur Industrie?
v) Welche Konsumgüter kennen Sie?
w) In welchem Jahr wählen Sie den nächsten Präsidenten?

2. Fragen zur Konjugation
Antworten Sie im Satz, mit Personalpronomen:

a) Wem gibt die Verfassung das Wahlrecht *(r Staatsbürger; über 18 Jahre)*
b) Mit welchen Partnern handeln die USA?
c) Treibt die Sowjetunion (die UdSSR) Handel mit den USA?
d) Wo wohnen Sie?
e) Was studieren Sie?
f) Lernen Sie Deutsch? Lernt Ihr Kollege Deutsch? Lernen Sie alle Deutsch?

3. Stellen Sie die Fragen zu folgenden Antworten:

a) Frage: _____

   Antwort: Adam Smith war ein englischer Ökonom.

b) Frage: _____

   Antwort: Die Weltbank ist in Washington.

c) Frage: _____

Antwort: *Die Wirtschaft* ist der Titel des Buches.

d) Frage: _____

Antwort: Die amerikanische Währung ist der Dollar.

e) Frage: _____

Antwort: Es gibt etwa 220 Millionen Amerikaner.

f) Frage: _____

Antwort: Ich habe einen Vertrag für 5 Jahre.

g) Frage: _____

Antwort: Er bezahlt das Essen mit einem Scheck.

h) Frage: _____

Antwort: Zur Industrieproduktion zählen Maschinen, Fahrzeuge, Metallwaren etc.

4. Ergänzen Sie folgende Sätze:

a) Das Volkseinkommen ist das Einkommen _____

b) Der Arbeitsmarkt ist der _____

c) Die Atomenergie _____

d) Das Repräsentantenhaus _____

Hausaufgaben

5. Bilden Sie Sätze mit folgenden Wörtern:

a) *Student – Buch – Bibliothek – suchen* (Präsens)
b) *Wir – Studenten – sein* (Präsens und Präterium)
c) *Wie – Amerika – wohnen?*

6. Ergänzen Sie:

a) 14,4 % der amerikanischen Bevölkerung _____ britischer Herkunft.

b) Die amerikanischen Präsidenten _____ nur einmal wiederwählbar.

c) Die Präsidenten ernenn_____ und entlass_____ die Kabinettsmitglieder.

7. Ergänzen Sie:

a) _____ wohnt hier?

b) _____ wohnen Sie?

c) _____ exportiert die Bundesrepublik?

d) _____ heißen Sie?

e) _____ Produkte importieren die USA?

f) _____ wählen die Amerikaner alle vier Jahre?

g) _____ befaßt sich die Landwirtschaft?

h) _____ handelt dieses Buch?

8. Ergänzen Sie:

a) Er sucht _____ Buch in _____ Bibliothek.

b) Das Kapitel handelt von _____ Landwirtschaft.

c) Die Industrie produziert Maschin_____ für _____ Landwirtschaft.

d) Die Banken geben _____ Industrie Kredit_____.

e) Die Industrie arbeitet mit _____ Banken zusammen.

9. Ergänzen Sie das Personalpronomen:

a) Wo ist das Geld? Haben Sie _____?

b) Geben Sie _____ das Buch! *(dem Studenten)*

c) Die USA exportieren Fahrzeuge; importieren _____ _____ auch?

d) Die Verfassung garantiert der Bevölkerung Rechte; garantiert _____ _____ auch das Wahlrecht?

e) Suchen Sie _____ oder _____? *(er, ich)*

f) Ich suche _____. *(du)*

10. Vergleichen Sie Deklination, Konjugation und Personalpronomen mit der Referenzgrammatik!

Ü LT 2   **Übungen zu Lesetexten 2**

1. Ergänzen Sie:

a) Die Erdölproduktion ist wichtig für _____ Weltmarkt.

b) _____ ist auch wichtig für _____ internationale politische Situation.

c) Die Weltwirtschaft ist in ein_____ kritischen Phase _____ Entwicklung.

d) Multinationale Konzerne kontrollieren oft _____ Markt und _____ Wirtschaft.

e) Kontrollieren _____ auch _____ Preise?

f) Investitionen _____ Ausland sind attraktiv für Betriebe mit ein_____ großen Kapital.

g) Hat General Electric die Zahl ihr_____ Betriebe vergrößert oder hat _____

    _____ verkleinert?

h) Mit _____ Transfer von Industrien in _____ Entwicklungsländer ändert sich die

    wirtschaftliche Struktur in dies_____ Länder_____.

i) Die optimale Rationalisierung in ein_____ Betrieb erfordert ein_____ großes Kapital.

j) Die Internationalisierung _____ Wirtschaft ist charakteristisch für _____ gegen-

    wärtige Phase _____ Entwicklung.

k) Die multinationalen Konzerne kaufen und verkaufen Waren auf _____ Märkten

    _____ Welt.

l) _____ produzieren auch in vielen Länder_____.

2. Ergänzen Sie Artikel, Endungen, Präpositionen:

a) Die Auswirkungen _____ Politik _____ _____ Markt und _____

    _____ wirtschaftliche Situation sind groß.

b) Die multinationalen Konzerne errichten _____ *(Possessivpronomen)* Produktionsbe-

    triebe _____ allen Kontinenten.

c) Die Bedeutung dies_____ Prozess_____ _____ _____ Entwicklung _____
    Wirtschaft ist enorm.

d) Die Wirtschaftspresse schreibt _____ _____ Welthandel, _____ Zahlungs-

bilanz, _____ Außenhandel, _____ Landwirtschaft, _____ Volkseinkommen etc.

e) _____ _____ Wirtschaftspresse steht viel _____ _____ Betrieb von
General Electric.

f) Wovon handelt dieses Buch? _____ handelt _____ _____ Entwicklungsten-

denzen _____ _____ Weltwirtschaft.

3. Antworten Sie negativ im ganzen Satz und mit Personalpronomen:

Beispiel: Lebt J. F. Kennedy noch?
         – Nein, er lebt nicht mehr.

a) Ist die Expansion von General Electric in Übersee ungewöhnlich?
b) Ist der Transfer von Industrien in die Entwicklungsländer immer positiv?
c) Ist der Präsident der USA zweimal wiederwählbar?
d) Waren die Sportler der USA auf der Olympiade 1980 in Moskau?
e) Lesen Sie das Buch über die Wirtschaft?
f) Ist das Buch interessant?
g) Haben Sie die Dissertation geschrieben?
h) Importieren die USA ihr Erdöl aus dem Iran?
i) Steigen die Preise noch?

4. Ergänzen Sie den unbestimmen Artikel:

Beispiel: Die Inflation führte zu *einer* Preissteigerung.

a) Die Inflation charakterisierte _____ bestimmte Phase unserer Wirtschaftsentwick-
lung.

b) Der Konzern produziert in _____ Entwicklungsland.

c) General Electric errichtete _____ weiteren Betrieb.

d) Die USA wählten _____ neuen Präsidenten.

e) Die Firma hat nur _____ kleines Betriebskapital.

5. Ergänzen Sie das Demonstrativpronomen:

Beispiel: Er hat über die Auswirkungen *dieser* Investitionen geschrieben.

a) Die USA importieren nicht aus _____ Land.

b) In _____ Phase der Entwicklung investieren wir nicht.

c) Die Amerikaner wählten _____ Präsidenten zweimal.

d) _____ Situation ist kritisch.

e) Der Konzern investierte viel Kapital in _____ Betrieb.

6. wo? – wohin?

Beispiel: Wo findet der Student das Buch? – In *der* Bibliothek.
             Wohin exportiert der Konzern? – In *die* Entwicklungsländer.

a) _____ errichtet die General Electric weitere Betriebe?

    In _____ Entwicklungsländer_____.

b) _____ produziert das Volkswagenwerk seine Fahrzeuge?

    In _____ Bundesrepublik.

c) _____ transferieren die multinationalen Konzerne ihre Betriebe?

    In _____ Ausland.

d) _____ verkaufen Sie diese Waren?

    In _____ Vereinigten Staaten.

e) _____ exportiert die Bundesrepublik Fahrzeuge?

    In _____ Vereinigten Staaten.

7. Ergänzen Sie die Präpositionen und bestimmten/unbestimmten Artikel:

a) Viele Länder importieren _____ _____ Vereinigten Staaten.

b) Der Betrieb produziert Metallwaren _____ _____ Industrie.

c) Hohe Preise führen _____ _____ Inflation.

d) Die internationale Wirtschaft arbeitet _____ _____ Welthandel.

e) Er schreibt _____ _____ Auswirkungen der Inflation.

f) Der Konzern investierte Kapital _____ _____ Produktion _____ pharma-

    zeutischen Artikel_____.

g) Viele Länder exportieren _____ _____ Vereinigten Staaten.

h) Die Strukturen der Entwicklungsländer änderten sich _____ _____ Transfer von

Industrien _____ dies_____ Länder.

i) Die Auswirkungen der Ölkrise _____ _____ Wirtschaft waren katastrophal.

Zur Konjugation

8. Setzen Sie das Verb ins Präteritum:

Beispiel: Die Entwicklung *führt* zur Industrialisierung der Entwicklungsländer.
Die Entwicklung *führte* zur Industrialisierung der Entwicklungsländer.

a) In einem Elektrizitätswerk ist ein Turbogenerator im Bau.

b) Die Stromerzeugung zeigt hohe Steigerungsraten.

c) Multinationale Konzerne produzieren, kaufen und verkaufen weltweit.

9. Setzen Sie das Verb ins Futur:

a) Der Konzern investiert Kapital.

b) Die Regierung liberalisiert den Export von Strom.

c) Die Amerikaner wählen einen neuen Präsidenten.

10. Setzen Sie das Verb ins Perfekt:

a) Die Bundesrepublik liberalisiert die Stromeinfuhr.

b) General Electric vergrößert die Zahl ihrer Betriebe.

_____

c) Das wird eine interessante Entwicklung.

_____

d) Er schreibt ein neues Buch.

_____

Hausaufgaben

11. Beantworten Sie die Fragen:

a) Wie wird das Partizip Perfekt des Verbs gebildet?

_____

b) Welche Ausnahmen gibt es für diese Regel?

_____

c) An welcher Stelle steht das Partizip Perfekt im Hauptsatz?

_____

12. Satzstellung

a) General Electric errichtet noch in diesem Jahr weitere Betriebe.

Noch in diesem Jahr _____

Weitere Betriebe _____

b) Ein Turbogenerator mit 1200 MW ist in einem Elektrizitätswerk im Bau.

In _____

Im _____

c) Die Bibliothek hat alle Bücher für die Dissertation im Katalog.

_____

_____

13. Präposition und Deklination

a) Die Firma baut _____ *(unbestimmter Artikel)* Turbogenerator _____ _____ *(unbestimmter Artikel)* Kernkraftwerk.

b) In _____ Vereinigten Staaten ist der Stromverbrauch _____ _____ Industrie gestiegen.

c) Die Inflation manifestiert sich _____ _____ hohen Preise.

d) Wir exportieren diese Güter _____ _____ Entwicklungsland.

e) Diese Güter kommen _____ _____ Bundesrepublik.

14. Setzen Sie ins Präteritum:

a) Die Mitglieder der Firma bilden ein Konsortium.

_____

b) Die Firma errichtet weitere Betriebe in Übersee.

_____

c) Die Industrie produziert für den Export.

_____

15. Setzen Sie ins Futur:

a) Der Student sucht ein Buch in der Bibliothek.

_____

b) Der Staat baut Elektrizitätswerke.

_____

16. Setzen Sie ins Perfekt:

a) Sie suchen ein Thema für Ihre Dissertation.

_____

b) Sie leben in Europa.

_____

17. Antworten Sie negativ und mit dem Personalpronomen:

a) Ist die Zahl der Elektrizitätswerke gestiegen?

_____

b) Hat die Firma ihren Betrieb verkauft?

_____

18. *wo?* **oder** *wohin?* *– Wie heißen die Fragen?*

a) _____ ?

Washington liegt in den Vereinigten Staaten.

b) _____ ?

Europa exportiert in die Vereinigten Staaten.

c) _____ ?

Viele Firmen verlegen ihre Betriebe nach Übersee.

d) _____ ?

General Electric produziert auch in Übersee.

Übungen zu Lesetexten 3 Ü LT 3

1. Trennbare Verben

Bilden Sie das Präsens und das Präteritum :

a) Großbritannien – Irland und Dänemark – aus der EFTA austreten

_____

_____

b) 1973 – Großbritannien – der EG beitreten

_____

_____

c) Durch die Werbung – die Industrie – den Konsumenten der Manipulation – aussetzen

_____

_____

d) Die Industrie – das Kernstück der Volkswirtschaft – darstellen

_____

_____

2. Reflexive Verben

Bilden Sie das Präteritum und das Perfekt:

a) Fünf europäische Länder – sich 1952 – zur EWG zusammenschließen

_____

_____

b) Aus der Entwicklung des gemeinsamen Marktes – sich neue Aufgaben – ergeben

_____

_____

c) Der Student – sich für Bücher über den Arbeitsmarkt der USA – interessieren

_____

_____

3. *haben* und *sein*

Setzen Sie folgende Sätze ins Präteritum:

a) Großbritannien _____ Mitglied der EFTA.

b) Die USA _____ genug Erdöl.

c) IBM _____ Betriebe in Übersee.

d) Die Studenten _____ auf der Suche nach Büchern für ihr Examen.

e) In dem Buch _____ ein Kapitel über Sport.

f) Berlin _____ 1930 größer als 1980.

4. Setzen Sie das Demonstrativpronomen ein:

Beispiel: Der zweite Schritt war die Bildung der EWG durch *dieselben* sechs Staaten.

a) Er liest immer _____ Buch.

b) Die Montanunion und die EGKS umfassen _____ Industrien.

c) Er liest immer in _____ Buch.

d) Er liest immer in _____ Büchern.

e) Hans und Walter wohnen in _____ Straße.

5. Antworten Sie negativ, im Satz und mit Personalpronomen:

a) Gehörte Großbritannien zu den Gründerländern der EWG?
b) Sind Großbritannien, Irland und Dänemark noch in der EFTA?
c) Ist Österreich in der EG?
d) Hat die EFTA die Zölle für Agrarerzeugnisse beseitigt?
e) Ist Schweden Mitglied der EG?
f) Ist das Bruttosozialprodukt der EG so groß wie das der USA?

6. Setzen Sie die Präpositionen und, wo nötig, den Artikel ein:

a) Wir wohnen _____ USA.

b) Man transportierte die Güter _____ Bundesrepublik.

c) Das Buch handelt von der Industrie _____ Amerika.

d) _____ UdSSR gibt es Erdgas.

e) Napoleon verlor den Krieg _____ Rußland.

f) Berlin liegt nicht _____ Westdeutschland.

g) Bern liegt _____ Schweiz.

7. Mit oder ohne Artikel?

a) _____ Schweiz ist ein Bundesstaat.

b) _____ Tschechoslowakei liegt in Ost-Europa.

c) _____ USA haben das größte Bruttosozialprodukt der Welt.

d) _____ Deutschland liegt in Mitteleuropa.

e) _____ Türkei ist noch nicht in der EG.

f) _____ Bundesrepublik hat mit West-Berlin 11 Bundesländer.

g) _____ Amerika produziert Erdöl.

h) _____ Frankreich   _____ Belgien   _____ Norwegen

   _____ Italien   _____ Schweden   _____ Iran

   _____ Niederlande   _____ Dänemark   _____ Indien

   _____ Holland   _____ USA   _____ UdSSR

   _____ Bundesrepublik   _____ Irland

8. Ergänzen Sie die Präpositionen:

a) Ein Schritt _____ wirtschaftlichen Integration war die Gründung der EWG.

b) _____ die Vergrößerung der EG auf zehn Mitglieder stieg der Export.

c) Fünf Staaten schlossen sich _____ einer Gemeinschaft zusammen.

d) Die Zölle _____ den Import von Waren _____ den Partnerländern wurden beseitigt.

e) Drei Länder traten _____ der EFTA aus.

f) _____ Ende des Jahres ist der Dollar gestiegen.

g) _____ Ausnahme _____ Agrarerzeugnissen und Meeresprodukten wurde der Import liberalisiert.

Wiederholung

9. Stellen Sie Fragen zu folgenden Antworten:

a) Frage: _____ ?

   Antwort: Man kauft Fische *auf dem Markt.*

b) Frage: _____ ?

   Antwort: Ich arbeite *für eine Exportfirma.*

c) Frage: _____ ?

   Antwort: *Bis Ende 1960* waren die Zölle beseitigt.

d) Frage: _____ ?

   Antwort: Das ist der Anteil der EG *am Welthandel.*

10. Bilden Sie das Präteritum:

a) Der Iran exportiert Erdöl.

   Der Iran _____

b) Wir kaufen ein Auto.

   _____

c) Er ist Student.

   _____

d) Das Unternehmen vergrößert den Betrieb.

   _____

e) Die Erweiterung des Betriebes bedeutet neue Aufgaben.

   _____

Hausaufgaben

11. Antworten Sie negativ, im Satz und mit Personalpronomen:

a) Lesen Sie dieses Buch noch?
b) Lebt der alte Direktor der Firma noch?
c) Arbeiten Sie noch für diese Firma?
d) Sind die Exportziffern schon gestiegen?
e) Verkauft das Unternehmen auch schon nach Übersee?

12. Bilden Sie aus folgenden Elementen einen Satz im Perfekt:

a) Island – 1970 – EFTA – beitreten
b) die Betriebe – zu einem großen Unternehmen – sich zusammenschließen
c) der Student – für Bücher über die EG-Außenhandelspolitik – sich interessieren
d) IBM – in Europa – neue Betriebe – errichten
e) die USA – 1973 – das größte Bruttosozialprodukt – haben
f) die EWG – der erste Schritt – zur wirtschaftlichen Integration in Europa – sein
g) die Wirtschaftspresse – Interesse für die Entwicklung – zeigen

13. Bilden Sie aus folgenden Elementen Sätze im Präsens und im Präteritum:

a) Herr Meyer – einer politischen Partei – beitreten
b) diese drei Firmen – zu einem Großunternehmen – sich zusammenschließen
c) Europa – Erdöl – einführen
d) Japans Automobilindustrie – nach Europa und Amerika – exportieren
e) das Unternehmen – die Zahl seiner Betriebe – vergrößern

14. Ergänzen Sie die Demonstrativpronomen:

a) _____ Partnerland ist aus der EFTA ausgetreten.

b) Die EFTA machte eine Ausnahme für Agrarerzeugnisse und Meeresprodukte;

_____ Zölle sind nicht beseitigt.

c) Mit _____ einen Ausnahme sind alle Zölle beseitigt.

d) Durch _____ Ausnahmen sind noch nicht alle Zölle beseitigt.

15. Stellen Sie zu jedem Satz von Lesetext 3.1 eine Frage, die dieser Satz beantwortet.

Beispiel: Zeile 6–8. Die Frage lautet:
Wann traten Großbritannien, Irland und Dänemark den Europäischen Gemeinschaften bei?

16. Beantworten Sie die Fragen:

a) Was bedeutete die Gründung der Europäischen Wirtschaftsgemeinschaft?
b) Was war die Aufgabe der EFTA?
c) Was charakterisiert multinationale Konzerne?

1. Setzen Sie folgende Sätze ins Passiv, Präsens und Präteritum:

a) Die EFTA hat praktisch alle Zölle für den Import von Waren aus den Partnerländern beseitigt.
b) Der Präsident ernennt und entläßt die Kabinettsmitglieder.
c) Das Unternehmen vergrößert die Zahl seiner Produktionsbetriebe.
d) Die Bank finanziert die Modernisierung des Betriebes.
e) Die Organisation schafft neue Arbeitsmöglichkeiten.

2. Geben Sie bei den _kursiven_ Adjektiven an, ob sie attributiv verwendet sind:

a) Dieses Land exportiert _wenig,_ aber es importiert _viele_ Güter.
b) Das ist eine _neue_ Preisliste, aber sie ist nicht _vollständig._ Eine _vollständige_ Preisliste haben wir erst im Januar.
c) In den _wenig_ entwickelten Ländern werden _einige_ Unternehmen von der Investitionsbank finanziert.
d) Das Agrarpreisniveau in der EG ist _einheitlich._
e) Ein _einheitliches_ Preisniveau ist _wichtig;_ es ist vielleicht die _wichtigste_ Aufgabe der EG.

3. Bilden Sie aus den folgenden Sätzen einen Hauptsatz mit Relativsatz:

Beispiel: Der gemeinsame Agrarmarkt ist das Herzstück der EG.
_Er_ bedeutet freien Handel mit Agrarerzeugnissen innerhalb der EG.
Der gemeinsame Agrarmarkt, _der das Herzstück der EG ist,_ bedeutet freien Handel mit Agrarerzeugnissen innerhalb der EG.

a) Die Finanzierung der Unternehmen wird von der Bank durchgeführt.
Die Unternehmen werden modernisiert.
b) Die nationalen Agrarmärkte waren vorher getrennt.
Sie wurden jetzt zum gemeinsamen Agrarmarkt.
c) Die Marktordnungen garantieren ein einheitliches Agrarpreisniveau.
Die Marktordnungen betreffen die wichtigsten Agrarprodukte.
d) Großbritannien trat am 1. Januar 1973 der EG bei.
Großbritannien war bis zum 31. Dezember 1972 Mitglied der EFTA.
e) Die Gesellschaft transferierte Betriebe ins Ausland.
Die Banken finanzierten _die Betriebe._
f) Der Präsident der USA wird für 4 Jahre gewählt.
Seine _Wiederwahl_ ist nur einmal möglich.

4. Antworten Sie mit einem Kausalsatz:

Beispiel: Warum ging A. in die Bibliothek? _(er – ein Buch – brauchen)_
Weil er ein Buch brauchte.

a) Warum errichtet General Electric neue Betriebe? _(mit neuen Betrieben – die Produktion – steigern)_

b) Warum brauchen multinationale Konzerne eine internationalisierte Wirtschaft? *(sie – auch – Arbeitskraft und Kapital – internationalisieren)*

_____

c) Warum steigt die Stromerzeugung? *(der Verbrauch – steigen)*

_____

d) Warum lernen Sie Deutsch?

_____

e) Warum steigen die Preise für Erdölprodukte?

_____

5. Bilden Sie den Komparativ:

Beispiel: Die Marktordnung bewirkt ein fast *einheitliches* Preisniveau.
Vorher war es uneinheitlich.
Die Marktordnung bewirkt ein *einheitlicheres* Preisniveau *als* vorher.

a) Das zweite Kapitel ist wichtig.
Das erste Kapitel war weniger wichtig.

_____

b) Die Einfuhr von Erdöl in diesem Jahr war groß.
Im Vorjahr war sie nicht so groß.

_____

c) Der Konsument ist abhängig von der Werbung.
Früher war er nicht so abhängig.

_____

d) Japan exportiert dieses Jahr viele Autos.
Im Vorjahr waren es nicht so viele.

_____

6. Bilden Sie den Superlativ:

Beispiel: Das ist ein *neues* Buch.
Das ist das *neueste* Buch.

a) Wir arbeiten an einem wichtigen Projekt.

_____

b) FIAT ist eine große Autofirma in Italien.

_____

c) Wenige Länder existieren ohne wirtschaftliche Probleme.

_____

d) Viele Länder haben eine hohe Inflationsrate.

_____

7. Setzen Sie das Modalverb _können_ ein:

a) Ich _____ heute nicht kommen.

b) Die Firma _____ das nötige Kapital nicht aufbringen.

c) Die Betriebe _____ nicht vergrößert werden.

d) _____ du mir sagen, wann die EG gegründet wurde?

e) _____ ihr morgen zu uns kommen?

8. Bilden Sie Sätze mit dem unpersönlichen Verb _gelingen_ (+ Dativ + Infinitiv mit _zu_) im Präsens, Präteritum und Perfekt:

Beispiel: gelingen – Preisniveau in der EG – halten
Es ist ihnen _gelungen_, das Preisniveau in der EG _zu_ halten.

a) nicht gelingen – Aktien – kaufen

_____

b) gelingen – Zahl der Betriebe – vergrößern

_____

c) nicht gelingen – Erdölpreise – senken

_____

d) gelingen – Betriebsvergrößerung – finanzieren

_____

Hausaufgaben

9. Setzen Sie folgende Sätze ins Passiv, jeweils im Präsens, Präteritum und Perfekt. Achten Sie auf den inhaltlichen Unterschied der Aktiv- und Passivform!

a) Die EG garantiert ein einheitliches Preisniveau.

b) Der Präsident ernennt und entläßt die Kabinettsmitglieder.

c) Die japanische Industrie exportiert mehr Autos als die amerikanische.

d) Die Finanzierung durch die EG macht die Erschließung weniger entwickelter Gebiete möglich.

10. Ergänzen Sie die Präpositionen und, wo nötig, den Artikel:

a) Der freie Handel _____ EG-Ländern ist garantiert.

b) _____ Artikeln des Vertrages können die Partner die Preise nur gemeinsam stabilisieren.

c) Wir haben _____ Betrieben große Organisationsprobleme.

d) _____ neuen Situation ergeben sich neue Probleme.

e) Die Bank wurde _____ Zweck von Investitionsfinanzierungen errichtet.

f) Der Betrieb löste die Probleme _____ Hilfe eines Kredits.

g) Der Kredit bewirkte viel _____ Schaffung neuer Arbeitsplätze.

11. Bilden Sie Relativsätze:

a) Die Arbeitslosen demonstrierten.
   Die Zahl der Arbeitslosen war gestiegen.

   _____

b) Die Mitgliedstaaten arbeiteten an einem gemeinsamen Projekt.
   Es war die Aufgabe des Projektes, die Getreidepreise zu vereinheitlichen.

   _____

c) Die Marktordnungen waren von der EG erarbeitet worden.
   Durch die Marktordnungen wurden die Agrarpreise vereinheitlicht.

   _____

d) Der Kredit half dem Unternehmen.
   Mit dem Kredit wurde der Betrieb modernisiert.

   _____

e) Das Thema war sehr kompliziert.
   Er brauchte für das Thema Bücher aus der Bibliothek.

_____

12. Antworten Sie mit *weil*:

a) Warum ist die Wirtschaft heute internationalisiert?
b) Warum ist Großbritannien aus der EFTA ausgetreten?
c) Warum finanziert die Investitionsbank einige Gebiete in der EG?
d) Warum streiken die Arbeiter?
e) Warum werden neue Arbeitsplätze geschaffen?

13. Bilden Sie Sätze mit dem Komparativ und dem Superlativ folgender Verben:

groß, klein, wichtig, unmodern, viel, wenig, einheitlich

Wiederholung und Transfer 1

1. Zusätzliche Lexik

schreiben, schrieb, geschrieben *to write*
e Mutter, ⸗ *mother*
rosten *to rust*
suchen *to search, to look for*
e Zeitung, -en *newspaper*
lesen, las, gelesen *to read*
gehen, ging, gegangen *to go*
wohnen *to live, to stay*
s Haus, ⸗er *house*
dort *there*
kommen, kam, gekommen *to go*
mitkommen (trennbar) *to come along*
geben, gab, gegeben *to give*
ein Konto einrichten *to open an account*
dünn *thin*
essen, aß, gegessen *to eat*
rauchen *to smoke*
schlafen, schlief, geschlafen *to sleep*
deshalb *therefore*
r Gast, ⸗e *guest*

r Brief, -e *letter*
steigen, stieg, gestiegen *to rise*
fallen, fiel, gefallen *to fall*
brauchen *to need*
s Geld *money*
gestern *yesterday*
stehen, stand, gestanden *to stand*
jetzt *now*
schulden *to owe*
r Krieg, -e *war*
breit *wide, large*
scharf *sharp*
r Freund, -e *friend*
lang *long*
lange *for a long time*
dauern *to last*
r Mann, ⸗er *man*
s Zimmer, - *room*
e Frau, -en *woman*

2. Stellen Sie Fragen zu folgenden Antworten:

a) Frage: _____?
   Antwort: Ich studiere an der *Kölner Universität.*

b) Frage: _____?
   Antwort: Der Mann kaufte das Auto *von einem Kollegen.*

c) Frage: _____?
   Antwort: Er ist *gestern* gekommen.

d) Frage: _____?
   Antwort: Er studiert *in Berlin.*

e) Frage: _____?
   Antwort: Sie schreibt *an ihre Mutter.*

f) Frage: _____?
   Antwort: Die Frau arbeitet *für eine Exportfirma.*

g) Frage: _____?
   Antwort: Der Iran exportiert *Rohöl.*

3. Ergänzen Sie:

a) Metall rostet _____ Wasser.

b) Der Student fand _____ Buch _____ _____ Bibliothek.

c) Sie suchten Arbeit _____ Schweiz, _____ Bundesrepublik und _____ Großbritannien.

d) Wir kauften _____ deutsche Zeitung, aber wir konnten _____ nicht lesen.

e) Guten Tag, wie geht es Ihnen? – Danke, _____ _____ _____ gut.

f) _____ wohnen Sie? Wohnen Sie noch _____ dies____ Haus? – Nein, ich wohne

_____ _____ dort.

g) _____ gehen Sie? – Ich gehe jetzt _____ _____ Seminar. _____ Sie

_____? *(mitkommen)*

h) _____ steht das Buch? – _____ steht dort. – Bitte geben sie _____

_____.

i) Mein Freund braucht das Buch; bitte geben Sie _____ _____ .

4. Antworten Sie:

a) Warum suchen Sie dieses Buch?
   (ich – für meine Diplomarbeit – brauchen)
b) Warum arbeitet Mr Johnson in der Bundesrepublik?
   (er – eine Arbeit - gefunden haben)
c) Warum schreibst du den Brief nicht?
   (ich – die Adresse – nicht haben)

5. Bilden Sie das Präteritum und das Perfekt:

a) Er zeigt uns seine Bücher.
b) Sie überweisen das Geld auf eine andere Bank.
c) Wir richten uns bei dieser Bank ein Konto ein.
d) Er vergrößert seine Fotografien.

6. Bilden Sie den Komparativ:

a) Ich bin jetzt _____ *(dünn)* _____ vor einem Jahr. Ich esse

_____ *(wenig)*, aber ich rauche _____ *(viel)* und ich

schlafe _____ *(gut)*.

b) Sie hat eine _____ *(große)* Wohnung _____ ihr Bruder. Deshalb

möchte sie auch _____ *(oft)* Gäste haben.

7. Bilden Sie das Passiv im Präsens, Präteritum und Perfekt:

a) Er schrieb den Brief nach Berlin nicht.
b) Sie macht die Arbeit gut.
c) Die Firma verlegt ihren Betrieb nach Übersee.
d) Sechs Staaten gründeten die Europäische Gemeinschaft.

8. Bilden Sie Relativsätze:

a) Die Preise sind wieder gestiegen. *Die Preise* waren vorher gefallen.
b) Er hat das Buch gestern gekauft. Er hatte *das Buch* scharf kritisiert.
c) Die Bevölkerung brauchte mehr Raum. *Die Zahl der Bevölkerung* war gestiegen.
d) Die Bank hat mir geschrieben. Ich schulde *der Bank* Geld.

9. Lesen Sie laut:

a) Der erste Weltkrieg dauerte von 1914 bis 1918. Der zweite Weltkrieg dauerte von 1939 bis 1945. Die Montanunion wurde 1951 gegründet.
b) Ein Jahr hat 365 Tage. Ein Jahr hat 52 Wochen. Die Woche hat 7 Tage, der Tag hat 24 Stunden, die Stunde hat 60 Minuten. Ein Monat hat 30 oder 31 Tage; alle 4 Jahre hat der Februar 29 Tage, sonst hat er nur 28. Das Jahr hat 12 Monate.
c) Die Flugkarte kostet 1450,– DM. Eine Tasse Kaffee kostet 1,85 DM. Ich zahle für mein Zimmer monatlich 350,– DM. Ein Telefonat in der Stadt kostet 0,23 DM.
d) Das Zimmer ist 3,50 m breit und 4,30 m lang. Er ist 1,75 m groß und wiegt 62 kg.
e) 1462 000; 10 080; 7231; 17; 25 457; 112; 1006.

Ü LT 5   ## Übungen zu Lesetexten 5

1. Bilden Sie Nebensätze mit *wenn* (Interpunktion!):

Beispiel: Die Zölle werden beseitigt; der Import steigt.
         Wenn die Zölle beseitigt werden, steigt der Import.

a) Der Konsument ist der Werbung ausgesetzt; er kann nicht frei entscheiden.

_____

b) Der Dollar steigt; die Erdölpreise steigen auch.

_____

c) Große US-Konzerne investieren im Ausland; diese Investitionen haben Auswirkungen
auf die nationalen Ökonomien.

_____

_____

2. Ergänzen Sie:

a) Europa hat nicht genug Erdöl, wenn die OPEC-Länder _____

_____

b) Die Inflation steigt, wenn _____

c) Die Industrie entwickelt sich, wenn _____

d) Wenn _____ ,

kann die Investitionsbank bestimmte Betriebe finanzieren.

e) Wenn _____ ,

können die Betriebe nicht arbeiten.

3. Bilden Sie indirekte Fragesätze:

Beispiel: *Wieviel* Kapital investierte General Electric in Übersee?   -
         Die Frage war, *wieviel* Kapital General Electric in Übersee investiert hatte.

a) Was sind die wichtigsten Exportgüter der Bundesrepublik?
b) Wer war Robert Schumann?
c) Wann kam die Ölkrise?
d) Wen finanziert die Investitionsbank?
e) Womit werden die Konsumenten manipuliert?
f) Worauf hat der Konsument wenig Einfluß?

4. *sollen* oder *müssen*? Geben Sie den Grund für Ihre Wahl an:

a) Der Vorstand hat entschieden: das Betriebskapital _____ erhöht werden.

b) Die Investitionsbank hat mehrere Aufgaben, u. a. _____ sie die Moderni-

sierung von bestimmten Betrieben finanzieren.

c) Der gemeinsame Agrarmarkt entwickelte Marktordnungen, durch die ein einheitliches

Preisniveau gehalten werden _____.

d) Neue Arbeitsmöglichkeiten _____ geschaffen werden, wenn die Arbeits-

losigkeit im Winter nicht steigen _____.

e) Die Inflation _____ gestoppt werden.

f) In einem Land mit einer demokratischen Verfassung _____ alle Wähler
frei entscheiden können.

5. Antworten Sie negativ, im Satz und mit Personalpronomen:

a) Muß der Präsident das zweite Mal kandidieren?
b) Muß jeder Arbeiter in einer Gewerkschaft sein?
c) Müssen sich die Konsumenten durch die Werbung beeinflussen lassen?
d) Müssen die Betriebe immer mit Bankkrediten arbeiten?

6. Antworten Sie negativ, im Satz:

a) Gibt es in den Ostblockstaaten eine freie Marktwirtschaft?
b) Hat die Bevölkerung Einfluß auf die Inflation?
c) Gab die Bank der Firma einen Kredit?
d) Hast du das Geld?
e) Hast du Geld?
f) Hat die Firma Entscheidungen getroffen?
g) Hat die Firma die Entscheidungen getroffen?
h) Kann der Staat die Inflation stoppen?
i) War Großbritannien vor 1973 schon ein EG-Land?
j) Hat der Wähler Einfluß auf die Politik?

7. Bilden Sie Relativsätze (Interpunktion!):

Beispiel: Die Wahl des Konsumenten wird durch externe Faktoren bestimmt; er hat *auf diese Faktoren* wenig Einfluß.
Die Wahl des Konsumenten wird durch externe Faktoren bestimmt, *auf die* er wenig Einfluß hat.

a) Der Agrarmarkt entwickelte Marktordnungen; durch die Marktordnungen soll das Preisniveau gehalten werden.

b) Die Zölle für Agrarerzeugnisse und Meeresprodukte wurden von den EFTA-Ländern nicht beseitigt; diese Länder handeln intensiv mit Agrarerzeugnissen und Meeresprodukten.

c) Das Buch befindet sich in einer Bibliothek; ich habe an die Bibliothek geschrieben.

8. Bestimmen Sie den inhaltlichen Unterschied zwischen den folgenden Sätzen:

a) Die Inflation *wird* von der Politik beeinflußt.
Die Inflation *ist* von der Politik beeinflußt.

b) Das Konto *wird* eingerichtet.
Das Konto *ist* eingerichtet.

c) Die Universität *wird* politisiert.
Die Universität *ist* politisiert.

9. Ergänzen Sie:

a) _____ den gegenwärtigen Marktwirtschaften muß Wettbewerb herrschen.

b) _____ den Wettbewerb funktioniert die Marktwirtschaft nicht.

c) Der Konsument hat wenig Einfluß _____ externe Faktoren.

d) Der Handel in den westlichen Ländern beruht _____ der Marktwirtschaft.

e) Die Politik hat Auswirkungen _____ den Arbeitsmarkt.

f) Der Arbeitsmarkt wird _____ die Politik beeinflußt.

g) Die staatliche Ordnung ist _____ _____ Verfassung garantiert.

h) Der Konsument ist nicht unabhängig _____ _____ Werbung.

i) _____ den EFTA-Ländern wurden die Zölle beseitigt.

10. Welche Präpositionen kennen Sie –

a) mit dem Dativ?
b) mit dem Akkusativ?
c) mit dem Dativ und dem Akkusativ?
d) mit dem Genitiv?

Hausaufgabe

11. Welches Modalverb?

a) Die Arbeitslosigkeit ist sehr groß; die Regierung _____ Arbeitsplätze schaffen.

b) Die Regierung _____ aber keine neuen Arbeitsplätze schaffen; ihre Wirtschaftspolitik war nicht gut.

c) Man fragt sich, wie das Land diese Krise überwinden _____.

d) Wir _____ aber keine Möglichkeit finden.

e) Wenn die Regierung keine neuen Arbeitsplätze schaffen _____, _____ sie zurücktreten, schreiben die Zeitungen.

12. Bilden Sie indirekte Fragesätze:

a) Wer ist jetzt Bundespräsident?
b) Wie steht der Dollar?
c) Wohin wird der Betrieb verlegt?
d) Wo sitzt die Verwaltung der EG?
e) An welcher Universität lehrt Prof. Meyer?
f) Für welche Zeitung schreibt dieser Journalist?

13. Ergänzen Sie:

a) Wenn _____ ,

kann der Betrieb nicht modernisiert werden.

b) Der Konsument kann nicht frei entscheiden, wenn _____

_____

14. Bilden Sie selbst *wenn*-Sätze:

a) Wenn _____ ,

_____

b) _____ ,

wenn _____

15. Antworten Sie negativ (im Satz):

a) Haben Sie eine Option auf diese Transaktion?
b) Können Sie das Geld nach Deutschland transferieren?
c) Hat Ihnen die Bank einen Kredit gegeben?
d) Ist der Kredit von diesem Jahr?
e) Haben Sie ein Konto bei dieser Bank?

16. Antworten Sie negativ (im Satz):

a) Ich schulde Ihnen noch Geld; muß ich es Ihnen noch heute geben?
b) Müssen wir uns dieses Buch kaufen?
c) Mußt du nach Berlin fahren?

17. Schreiben Sie den Inhalt von Lesetext 5.1 neu. Konzentrieren Sie ihn auf etwa vier Sätze. Benutzen Sie die Wörter des Textes, aber formulieren Sie die Sätze neu.

Ü LT 6   **Übungen zu Lesetexten 6**

1. Bilden Sie Nebensätze mit *daß*:

Beispiel: Der Arbeitgeber ergreift nicht einseitig betriebliche Maßnahmen.
         Der Betriebsrat kontrolliert *es*.
         Der Betriebsrat kontrolliert, *daß* der Arbeitgeber nicht einseitig betriebliche Maß-
         nahmen ergreift.

a) Der Konsument hat wenig Einfluß auf externe Faktoren.
    Der Konsument weiß es nicht.

    _____

    _____

b) Die Macht der amerikanischen Volkswirtschaft beruht auf ihrer Industrie.
    Es ist bekannt.

    _____

    _____

c) Der Dollar ist gestiegen.
    Es stand in der Zeitung.

    _____

    _____

d) Die politischen Entscheidungen haben Einfluß auf die Inflation.
    Die Entwicklung hat es gezeigt.

    _____

    _____

2. Stellung des Dativ- und Akkusativobjekts

Bilden Sie folgende Sätze nach dem Beispiel um und nennen Sie die Regel:

Beispiel: Das Gesetz gibt *den Arbeitnehmern das Mitbestimmungsrecht*.
         Das Gesetz gibt *ihnen das Mitbestimmungsrecht*.
         Das Gesetz gibt *es den Arbeitnehmern*.
         Das Gesetz gibt *es ihnen*.

a) Die Firma schreibt *der Bank einen Brief*.
b) Die Bank gibt *der Firma eine Garantie*.
c) Der Katalog beschreibt *dem Kunden die Waren*.

3. Bilden Sie das Präteritum und das Perfekt:

a) Die Firma hält die Gesetze ein.

_____

b) Der Arbeitgeber ergreift Maßnahmen.

_____

c) Der Betriebsrat vertritt die Interessen der Belegschaft.

_____

d) Das Gesetz gibt den Arbeitern Mitbestimmungsrechte.

_____

e) Diese Forderung erscheint als wichtiger Faktor.

_____

f) Das Gesetz gilt für alle Betriebe.

_____

g) Das Gesetz sieht bestimmte Rechte vor.

_____

h) Der Aufsichtsrat trifft Entscheidungen.

_____

i) Die Mitglieder des Ausschusses beraten über die Unternehmenspolitik.

_____

j) Der Aufsichtsrat besteht aus Vertretern der Arbeitnehmerschaft und der Kapitaleigner.

_____

4. Setzen Sie die Possessivpronomen ein:

a) Die Arbeitnehmer wählen aus _____ Mitte einen Betriebsrat.

b) Der Konsument muß über _____ Interessen frei entscheiden können.

c) Die Macht der amerikanischen Volkswirtschaft beruht auf _____ Industrie.

d) Jedes Unternehmen vertritt _____ Interessen.

e) Die Industrie vertritt _____ Interesse.

f) Wir alle vertreten _____ Interessen; ihr vertretet _____ wie wir _____ .

g) Der Vorsitzende kam mit _____ neuen Plan.

5. Ergänzen Sie die Endungen:

Beispiel: Der sozial**e** Schutz der Arbeitnehmer ist umfassend. .

a) Der verantwortlich_____ Arbeitsdirektor wurde gewählt.

b) Der wichtigst_____ Bereich ist eingeschränkt worden.

c) Der öffentlich_____ Dienst hat ein eigenes Personalvertretungsgesetz.

Beispiel: Die modern**e** Sozialpolitik zielt über die materielle und rechtliche Sicherung des Arbeitnehmers hinaus.

d) Die wirtschaftlich_____ Lage wird beraten.

e) Die frei_____ Marktwirtschaft funktioniert nur bei Wettbewerb.

f) Die amerikanisch_____ Volkswirtschaft beruht auf Wettbewerb.

Beispiel: Das zentral**e** Kernstück der Volkswirtschaft sind die Unternehmen und die Gewerkschaften.

g) Das einheitlich_____ Preisniveau muß gehalten werden.

h) Das wichtigst_____ Agrarerzeugnis ist Getreide.

i) Das größt_____ Problem ist die Beschaffung von Arbeitsplätzen.

Beispiele: Die amerikanisch**en** Konsumenten sind der Werbung ausgesetzt.
Die groß**en** Gewerkschaften sind ein Kernstück der Wirtschaft.
Die personell**en** und sozial**en** Interessen sind durch Gesetze geregelt.

j) Die besonder_____ Bedingungen stehen im Personalvertretungsgesetz.

k) Die europäisch_____ Wirtschaftsräume schlossen sich zur EG zusammen.

l) Die spezifisch_____ Gesetze stehen im Betriebsverfassungsgesetz.

6. Stellen Sie Regeln für die Deklination der Adjektive von 5 a—l auf!

Hausaufgabe

7. Schreiben Sie Lesetext 6.1 neu (etwa vier Sätze) und verwenden Sie folgenden Wortschatz:

Arbeitnehmer, Arbeitgeber, rechtlicher und materieller Schutz, Mitbestimmung, Unternehmensleitung, Alleinentscheidungsrecht, Betriebsverfassungsgesetz, Beschäftigte, Betrieb, Sozialpolitik.

8. Beantworten Sie folgende Fragen schriftlich (LT 6.1/6.2):

a) Welche Ziele hat die Sozialpolitik in der Bundesrepublik?
b) Welche Aufgaben hat der Betriebsrat?
c) Wie heißt das Mitbestimmungsgesetz für Beamte?

9. Beantworten Sie folgende Fragen schriftlich (LT 6.3/6.4):

a) In welchen Betrieben ist ein Wirtschaftsausschuß vorgesehen?
b) In welchen Betrieben sind die Arbeitnehmer im Aufsichtsrat vertreten?
c) Welche Aufgaben hat der Arbeitsdirektor?

10. Bilden Sie das Präteritum und das Perfekt:

a) Im Jahre 1958 treten sechs Länder der EWG bei.
b) Die EFTA-Länder beseitigen die Zölle für den Import aus Partnerländern.
c) Die OPEC-Länder verkaufen Rohöl an die westlichen Industrienationen.
d) Die Bank gewährt Kredite für die Entwicklung der Infrastruktur.
e) Die Beschaffung von Arbeitsplätzen ist am wichtigsten.

11. Bilden Sie die folgenden Sätze nach dem Beispiel von Übung 2 um:

a) Das Gesetz gibt auch den Beamten Mitbestimmungsrechte.
b) Der Betriebsrat schreibt der Unternehmensleitung einen Brief.

12. Bilden Sie Nebensätze mit *wenn* und *daß*:

a) Die Gesellschaft hat 500 Beschäftigte. Die Arbeitnehmer sind im Aufsichtsrat vertreten.
b) Die Inflationsrate steigt. Das Geld verliert an Wert.
c) Der Export ist gestiegen. Die Fakten und Zahlen zeigen es.
d) Alle Menschen haben die gleichen Rechte. Es steht in der Verfassung.

13. Antworten Sie mit _weil:_

a) Warum brauchte die EG eine Investitionsbank?

b) Warum sind Großbritannien, Irland und Dänemark 1972 aus der EFTA ausgetreten?

c) Warum ist das Betriebsverfassungsgesetz wichtig für die Sozialpolitik?

14. Setzen Sie die Possessivpronomen ein:

a) Die Beamten haben _____ eigenes Personalvertretungsgesetz.

b) Der Betriebsrat hat _____ ganz bestimmten Aufgaben.

c) Wir haben _____ Vertreter im Aufsichtsrat.

d) Die Wirtschaft hat _____ Vertreter in der Politik.

15. Ergänzen Sie die Adjektivendungen:

a) Auch die Beamten und die ander_____ Bediensteten des Staates haben Mitbestimmungs-rechte.

b) Das neu_____ Gesetz beruht auf einer demokratischen Tradition.

c) Die Vereinigt_____ Staaten bestreiten ein Viertel der Weltproduktion.

d) Der gut_____ Geschmack entscheidet nur selten über die Wahl des Konsumenten.

e) Die ständig_____ Werbung macht den Konsumenten unfrei.

16. Setzen Sie folgende Sätze mit _von_ oder _durch_ ins Passiv:
(Achten Sie auf die Zeitformen!)

a) Der Betriebsrat vertritt die Interessen der Belegschaft.

b) Die moderne Sozialpolitik hat die Rechte der Arbeitnehmer umfassender gemacht.

c) Das Betriebsverfassungsgesetz regelte die Arbeitsbedingungen.

d) Der Arbeitsdirektor kontrolliert den personellen Bereich.

17. Bilden Sie den Komparativ:

a) Dieser Betrieb hat _____ _(viel)_ _____ 100 Beschäftigte.

b) Früher waren die Bedingungen nicht gut. Die Arbeitnehmer haben jetzt

_____ Arbeitsbedingungen _____ _____.

c) In Amerika ist das Interesse für Politik nicht so groß. Das Interesse für Politik ist in Europa

_____ _____ in Amerika.

Übungen zu Lesetexten 7

1. Bilden Sie aus folgenden Elementen Sätze im Präsens und im Perfekt:

Beispiel: Die Arbeiter – sich organisieren
Die Arbeiter organisieren sich. – Die Arbeiter haben sich organisiert.

a) Der Konsument – sich frei entscheiden

_____

b) Der Arbeitnehmer – sich beteiligen – an Unternehmensentscheidungen

_____

c) Die Wirtschaftskrise – sich manifestieren – in der Inflation

_____

d) Das Unternehmen – sich vergrößern

_____

e) Ich – sich beschäftigen – Sozialpolitik

_____

2. Ergänzen Sie:

a) Das Unternehmen gehört _____ _____ multinationalen Konzernen.

b) Der Deutsche Gewerkschaftsbund hat _____ acht Millionen Mitglieder.

c) Viele _____ den Arbeitern sind gewerkschaftlich organisiert.

d) Die Modernisierung des Betriebes wurde _____ Hilfe einer Bank finanziert.

e) Die Forderung _____ Mitbestimmung ist ein wichtiger Faktor in der Sozialpolitik.

f) Die Mitbestimmung erscheint _____ Kernbereich der Sozialpolitik.

g) Die Sozialpartner verhandeln _____ die Tarifverträge.

h) Die Arbeitnehmer wählen Vertreter _____ ihrer Mitte.

i) Die Situation ist _____ allen Marktwirtschaften ähnlich.

j) _____ dieser Inflation muß die Wirtschaft stagnieren.

k) Die Krise beruht vor allem _____ der Arbeitslosigkeit.

3. Bilden Sie den Komparativ der Gleichheit:

Beispiel: Die Marktwirtschaft – in den USA – funktionieren – Bundesrepublik
Die Marktwirtschaft funktioniert in den USA *(eben)so* gut *wie* in der Bundesrepublik.

a) Die Gewerkschaften – wichtig – Kapitalgesellschaften

_____

b) Das Bruttosozialprodukt – dieses Jahr – groß – voriges Jahr

_____

c) Ich – wenig Geld – haben – du

_____

4. Bilden Sie den Superlativ:

a) *Viele* Banken geben Kredit nur zu *hohen* Zinsen.
b) Der Dollar stand gestern auf *einem hohen* Stand.
c) Wir haben *eine gute* Information über ihn erhalten.
d) Eine *gute* Sozialpolitik bedeutet nichts ohne Arbeitsplatzbeschaffung.

5. Bilden Sie Haupt- und Nebensatz mit *wenn* oder *als*:

Beispiele: Die Banken gaben keinen Kredit mehr; das Unternehmen meldete Konkurs an.
Als die Banken keinen Kredit mehr gaben, mußte das Unternehmen Konkurs anmelden.
Wenn die Banken keinen Kredit geben, muß das Unternehmen Konkurs anmelden.

a) Die Zölle wurden beseitigt; der Import stieg.

_____

b) Die Arbeitslosigkeit steigt; die Sozialleistungen müssen steigen.

_____

c) Die Gewerkschaften und Unternehmen treffen Entscheidungen; starke Rückwirkungen auf die Wirtschaft gehen davon aus.

_____

d) Das Gewinnstreben des Einzelnen wurde größer; der Wettbewerb wurde stärker.

_____

6. Adjektivdeklination

Beispiele: Die Zahl **der** selbständig**en** Berufstätigen beträgt über zweieinhalb Millionen.
Die Arbeitgeberverbände stehen **den** entsprechend**en** Arbeitnehmerverbänden gegenüber.
Die Zahlen betreffen **die** erwerbstätig**en** Einwohner der BRD.

Stellen Sie die Regeln für die Endungen dieser Adjektive mit Artikel auf!
Ergänzen Sie entsprechend die fehlenden Endungen:

a) Mit den neu_____ Gesetzen ist den Arbeitnehmern Mitbestimmung garantiert.

b) Wegen der besonder_____ Bedingungen des öffentlichen Dienstes haben die Beamten ein eigenes Mitbestimmungsgesetz.

c) Die Marktwirtschaft erhält die stärkst_____ Impulse vom Wettbewerb.

Beispiel: Das Gesetz hat die Aufgabe **des** sozial**en** Schutzes der Arbeiter.
Die Europäische Investitionsbank ist eine Institution **der** Europäisch**en** Gemeinschaft.
Das ist eine Entscheidung **des** Europäischen Parlaments.

Stellen Sie Regeln für die Endungen dieser Adjektive mit Artikel auf!
Ergänzen Sie entsprechend die fehlenden Endungen:

d) Der Konsument hat sich für den Kauf des neu_____ Produkts entschieden.

e) Die Montanunion war der erste Schritt der wirtschaftlich_____ Integration in Europa.

f) Die Wirtschaftsgemeinschaft war Aufgabe des zweit_____ Schrittes.

Beispiele: Die Verschmelzung der nationalen Agrarmärkte zu **dem** jetzigen gemeinsam**en** Agrarmarkt der EG ermöglichte ein einheitliches Preisniveau.
Dieser Schritt zu **der** wirtschaftlich**en** und politisch**en** Integration in Europa war wichtig.
Die Bank beschäftigt sich mit **dem** finanziell**en** Informationsmaterial des Unternehmens.

Stellen Sie Regeln für die Endungen dieser Adjektive mit Artikel auf!
Ergänzen Sie entsprechend die fehlenden Endungen:

g) Die Infrastruktur im weitest_____ Sinne ist für die Industrie gewährleistet.

h) Nur im östlich_____ Grenzgebiet und in West-Berlin findet man Problemsituationen.

i) Die USA tragen über ein Viertel zu der gesamt_____ Weltproduktion bei.

Beispiele: Das Betriebsverfassungsgesetz regelt **den** modern**en** Betrieb.
Es gilt für **die** gesamt**e** deutsche Wirtschaft.
Der Zoll für **das** wichtigste Agrarerzeugnis wurde beseitigt.

Stellen Sie Regeln für die Endungen dieser Adjektive mit Artikel auf!
Ergänzen Sie entsprechend die fehlenden Endungen:

j) Die Marktordnungen halten das einheitlich_____ Preisniveau.

k) Die Gastarbeiter sind wichtig für die deutsch____ Industrie.

l) Die Werbung manipuliert jed____ Konsumenten.

Hausaufgaben

7. Bilden Sie Sätze im Präsens und im Perfekt:

a) Die inflationäre Politik – sich aussetzen – der Krise

_____

b) Sich handeln um – ein Großprojekt

_____

c) Die Krise – sich manifestieren – durch die Inflation

_____

8. Ergänzen Sie:

a) Die Modernisierung wurde _____ die Bank finanziert.

b) Der Artikel wurde _____ dem Autor nicht veröffentlicht.

c) Die Finanzierung dient _____ Erschließung wenig entwickelter Gebiete.

d) Die Hilfe reicht _____ reduzierten Grundstückskosten _____ _____ Hilfe

_____ der Arbeitskräftebeschaffung.

e) Die Ausrichtung _____ die Prinzipien der Marktwirtschaft hat die Leistungsfähigkeit der Nationalökonomien gestärkt.

9. Bilden Sie den Komparativ der Gleichheit:

a) Die Beamten – dieselben Mitbestimmungsrechte – die Arbeiter

_____

b) Die Inflation – große Probleme – Europa und Amerika

_____

c) Die Bundesrepublik – groß – Großbritannien

_____

10. Bilden Sie den Superlativ:

a) eine gute Arbeit: _____

b) viele Bücher: _____

c) ein wichtiges Kapitel: _____

d) die hohe Arbeitslosigkeit: _____

11. *wenn* oder *als*?

a) _____ die Arbeiter 12 Stunden täglich arbeiteten, gab es noch keine Sozialpolitik.

b) _____ die Bedürfnisse der Konsumenten steigen, gibt es mehr Wettbewerb.

c) _____ die Europäische Gemeinschaft gegründet wurde, gab es nur sechs Mitglied-staaten.

d) _____ die Importzölle steigen, wird weniger importiert.

12. Ergänzen Sie die Adjektivendungen:

a) Der Betriebsrat vertritt die Interessen der ganz_____ Belegschaft.

b) Der Arbeitgeber ist verpflichtet, für die regelmäßig_____ Information des Wirtschaftaus-schusses zu sorgen.

c) Der Arbeitsdirektor ist für die sozial_____ und personell_____ Fragen zuständig.

d) Die Marktwirtschaft beruht auf dem Prinzip des frei_____ Wettbewerbs.

e) In der heutig_____ amerikanisch_____ Wirtschaft ist der Konsument nicht unabhängig.

f) Die Lage gewährleistet die reduziert_____ Grundstückskosten.

g) Der Entwicklungsfonds hilft den unterentwickelt_____ Gebieten.

h) Das Buch handelt von den wichtigst_____ Problemen der EG.

i) Der Text handelt von der wichtigst_____ Frage unserer Zeit.

j) Das Unternehmen informierte sich über die deutsch_____ Produkte.

k) Die Produzenten des neu_____ Erzeugnisses informierten die ausländisch_____ Kunden.

l) Die hoh_____ Zölle setzten dem weiter_____ Import ein Ende.

m) Die Investitionen hatten nur geringe Auswirkungen auf die Länder der Dritt____ Welt.

n) Das Unternehmen modernisierte den ältest____ Betrieb.

o) Die multinationalen Konzerne stellen eine Internationalisierung der groß____ Industrien dar.

p) Die europäischen Landwirte rechnen mit dem einheitlich____ Preisniveau des gemeinsamen Agrarmarktes.

13. Schreiben Sie Lesetext 7.1 ohne die Textvorlage neu und verwenden Sie folgende Wörter:

Sozialgesetzgebung, Mitbestimmung, Arbeiter, Angestellte, Beamte, Lehrlinge, ausländische Arbeitnehmer, Arbeitgeber, Arbeitnehmer, Sozialpartner
Benutzen Sie auch Lesetext 6.1!

Wiederholung und Transfer 2 W 2

1. Bilden Sie Sätze mit den Verben: *sitzen, stehen, liegen, hängen:*

a) Löffel   – Tisch: _____

b) Tafel   – Wand: _____

c) Kind   – Stuhl: _____

d) Möbel   – Zimmer: _____

e) Zeitung – Tisch: _____

f) Vogel   – Baum: _____

g) Ich   – Bett: _____

2. Bilden Sie Sätze mit den Verben: *setzen, stellen, legen, hängen:*

a) Buch   – Schrank: _____

b) ich   – Stuhl: _____

c) Schuhe – Schrank: _____

d) Mantel – Schrank: _____

e) er   – Bett: _____

f) Tasse   – Tisch: _____

g) Bild   – Wand: _____

h) Lampe   – Tisch: _____

3. Ergänzen und beantworten Sie:

a) Wohin _____ du die Tasse?

_____

b) Wohin _____ er die Zeitung?

_____

c) Wo _____ die Kinder?

_____ Bank.

d) Wohin können wir das Bild _____?

_____

e) Wo _____ die Tafel?

_____

f) Wo _____ das Auto?

_____

g) Wohin _____ das Auto?

_____

h) Wohin _____ die Schuhe?

_____

i) Wo _____ die Löffel?

_____

j) Wohin kann ich mich _____?

_____ Stuhl.

k) Wohin hast du mein Buch _____?

_____

l) Wohin _____ deinen Mantel?

_____

m) Wo _____ die Lampe?

_____

4. Ergänzen Sie:

a) Anna _____ sich _____ _____ Bank.

b) Sie _____ ihren Mantel neben sich _____ _____ Bank.

c) Ihr Hund *(dog)* _____ neben _____.

d) Sie _____ ihren Schirm *(umbrella)* neben _____ Bank.

e) Vögel _____ _____ _____ Bäumen.

f) Das Buch _____ neben Anna _____ _____ Bank.

g) Das Haus _____ _____ _____ Garten *(garden)*.

h) Neben _____ Haus _____ die Garage.

i) Abends _____ Anna ihr Auto _____ _____ Garage.

j) Dort _____ es auch in den Ferien.

k) Anna _____ sich im Sommer gern _____ _____ Bank im Garten.

l) Im Sommer _____ sie auch einen Tisch _____ _____ Garten,

und die Familie kann dort essen.

m) Nach dem Essen _____ sich Anna _____ _____ Liegestuhl.

5. Die Sätze 4a–m sind die Antworten. Stellen Sie die Fragen dazu mit *wo* oder *wohin*:

a) _____ ?

b) _____ ?

c) _____ ?

d) _____ ?

e) _____ ?

f) _____ ?

g) _____ ?

h) _____ ?

i) _____ ?

j) _____ ?

k) _____ ?

l) _____ ?

m) _____ ?

6. *dort* oder *dorthin?*

a) _____ sitzt der Vogel.

b) _____ steht das Buch.

c) _____ hängt das Bild

d) _____ stelle ich das Auto.

e) _____ stehen die Möbel.

f) _____ stelle ich das Bett.

g) _____ setzt er sich.

h) _____ hängt er den Picasso.

i) _____ legte er die Zeitung.

7. Antworten Sie mit *dort* oder *dorthin:*

a) Wo steht das Haus? – _____.

b) Wo sitzt die Frau? – _____.

c) Wohin hast du die Zeitung gelegt? – _____.

d) Wohin hast du dich gesetzt? – _____.

e) Wo hängt das Bild? – _____.

f) Wohin hat man das Bild gehängt? – _____.

8. Ergänzen Sie:

a) _____ gehst du?

b) _____ exportiert Amerika?

c) _____ wurde das Unternehmen verlegt?

d) _____ liegt Berlin?

e) _____ können wir hier essen?

f) _____ wohnst du?

g) _____ fährst du?

h) _____ arbeitet er?

i) _____ hast du die Zeitung gelegt?

Hausaufgaben

9. Bilden Sie zehn Sätze, die auf die Frage *wo?* antworten:

10. Bilden Sie zehn Sätze, die auf die Frage wohin? antworten.

11. Bilden Sie Sätze mit Positionsverben, in denen folgende Nomen vorkommen:

Wand, Tisch, Stuhl, Buch, Baum, Vogel, Löffel, Schuhe, Wäsche, Brille.

Achten Sie auf die Präpositionen und den Kasus!

Übungen zu Lesetexten 8

1. Adjektivdeklination

Beispiele: Auch Beamte und andere Bedienstete des Staates haben Mitbestimmungsrechte. Wegen besonderer Bedingungen des öffentlichen Dienstes haben sie ein soge-nanntes Personalvertretungsgesetz.
Die Kanäle werden nach einheitlichen technischen Merkmalen gebaut.
Die Wirtschaft läßt leichte und schwere, feste und flüssige Produkte transpor-tieren.

Stellen Sie die Regel für die Endungen dieser Adjektive ohne Artikel auf!

Ergänzen Sie entsprechend die fehlenden Endungen:

a) Die Kanäle verbinden wichtig_____ groß_____ Wasserstraßen.

b) Die Industrie transportiert auch verderblich_____ und gefährlich_____ Produkte über

groß_____ Entfernungen auf lang_____ Wasserwegen.

c) Der Mittellandkanal, der Nord-Ostsee-Kanal, der Elbe-Lübeck-Kanal und viel_____

ander_____ Kanäle verbinden groß_____ deutsch_____ Wasserstraßen miteinander.

d) Das westdeutsche Kanalnetz wird nach neuest_____ technisch_____ Kriterien gebaut.

e) Wegen hoh_____ Transportkosten auf den Eisenbahnen werden viel_____ Güter auf dem Wasserwege transportiert.

Beispiele: Teurer Transport ist unökonomisch.
Wegen großen Verlustes wurde das Unternehmen verkleinert.
Mit steigendem Preis wird das Produkt uninteressant.
Für regelmäßigen Transport sorgt die Bahn.

Stellen Sie die Regel für die Endungen dieser Adjektive ohne Artikel auf!
Beachten Sie besonders den Genitiv maskulin!

Ergänzen Sie entsprechend die fehlenden Endungen:

f) Bei steigend_____ Import muß steigend_____ Export die Zahlungsbilanz ausgleichen.

g) Die englische Industrie arbeitet jetzt viel mit englisch_____ Kraftstoff.

h) Infolge gut_____ Erfolges wurden Prämien ausgezahlt.

i) Stark_____ Autoverkehr belastet die Umwelt.

Beispiele: Wichtigste Verwendung der Rohrleitungen ist der Transport von Rohöl.
Lange Perioden wirtschaftlicher Depression führen zur Krise.
Die Ernennung von Herrn Schäfer zum Präsidenten wurde mit großer Mehrheit angenommen.
Durch gute Qualität ihrer Waren gewinnt die Firma neue Kunden.

Stellen Sie die Regel für die Endungen dieser Adjektive ohne Artikel auf!

Ergänzen Sie entsprechend die fehlenden Endungen:

k) Man kann praktisch nicht von hochgradig____ Konsumentensouveränität sprechen.

l) Intensiver____ Investition ist das Ziel amerikanisch____ Wirtschaftspolitik.

m) Frei____ Marktwirtschaft ist die Grundlage westlich____ Ökonomie.

n) Das Betriebsverfassungsgesetz sorgt für paritätisch____ Mitbestimmung.

Beispiele: Amerikanisches Kapital ist in vielen deutschen Unternehmen investiert.
Wegen schlechten Wetters blieb das Freibad geschlossen.
Viele amerikanische Unternehmen arbeiten mit westdeutschem Kapital.
Diese Waggons transportieren sperriges Gut.

Stellen Sie die Regel für die Endungen dieser Adjektive ohne Artikel auf!
Beachten Sie besonders den Genitiv neutrum!

Ergänzen Sie entsprechend die fehlenden Endungen:

o) Die Hauptaufgabe der Binnenschiffahrt ist die Versorgung der Wirtschaft mit Baustoffen,

Erzen, Brennstoffen und viel____ ander____ Material.

p) Die Angestellten streikten wegen zu niedrig____ Gehalts.

q) Die Flugzeuge transportieren jetzt auch sperrig____ Material.

r) Flüssig____ Gut wird billiger durch Rohrleitungen befördert.

2. Bilden Sie Sätze mit *lassen*:

Beispiel: Die Wirtschaft – jährlich drei Milliarden Tonnen Güter – transportieren
Die Wirtschaft läßt jährlich drei Milliarden Tonnen Güter transportieren.

a) Ich – ein Konto einrichten – in Deutschland

_____

b) Die Arbeitnehmer – ihre Interessen – durch den Betriebsrat – vertreten

_____

c) Die Werbung – den Konsumenten – nicht immer – frei – entscheiden

_____

3. Bilden Sie folgende Sätze im Futur:

Beispiel: 1985 *beförderten* diese Verkehrsmittel 35 Milliarden Personen.
1985 *werden* diese Verkehrsmittel 35 Milliarden Personen *befördern.*

a) Die Binnenschiffahrt bekommt von den Rohrleitungen Konkurrenz.

_____

b) Die Investitionsbank finanziert bestimmte Betriebe.

_____

c) Der Agrarmarkt muß ein einheitliches Preisniveau garantieren.

_____

d) Die Bank gewährleistet den Kredit für das Unternehmen.

_____

e) Der Konsument kann frei entscheiden.

_____

f) Die Eisenbahnen transportieren jährlich 360 Millionen t Güter.

_____

4. Bilden Sie Sätze mit *es gibt:*

Beispiel: heute – rund 4400 km Flüsse und Kanäle
Es gibt heute rund 4400 km Flüsse und Kanäle.

a) 1600 km Rohrleitungen – Rohöltransport

_____

b) dieses Jahr – für uns – keinen Urlaub

_____

c) Beratungsbüros und Vergünstigungen – Industrieansiedlungen

_____

5. Bilden Sie Sätze mit *es gibt* im Präteritum und im Perfekt:

a) im Betrieb – ein Betriebsrat – und – ein Wirtschaftsausschuß

————————————————————————————————

b) neben – DGB – weitere Gewerkschaftsverbände

————————————————————————————————

c) in Deutschland – von 1933 bis 1945 – keine Demokratie – mehr

————————————————————————————————

6. Ergänzen Sie die Präpositionen:

die Nachfrage _____ Transportleistung

ein Streckennetz _____ 29 000 km

die Versorgung _____ Baustoffen

_____ einheitlichen technischen Merkmalen

die Rohrleitungen sorgen _____ den Rohöltransport

Autobahnen stehen _____ Verfügung

Die USA verfügen _____ Straßen von 6 141 000 km Länge.

Washington liegt _____ Potomac.

Bern liegt _____ Schweiz.

Die Situation ist _____ anderen Marktwirtschaften identisch.

Die Wahl des Konsumenten wird _____ externe Faktoren bestimmt, _____ die er wenig Einfluß hat.

Hausaufgaben

7. Ergänzen Sie die Endungen:

a) Extern_____ Faktoren bestimmen die Wahl des Konsumenten.

b) Die Macht der amerikanisch_____ Volkswirtschaft beruht auf ihrer Industrie.

c) Die wirtschaftlichen Entwicklungen haben stark_____ Rückwirkungen.

d) Ergänzen Sie die fehlend____ Endungen bei den folgend____ Übungen.

e) Das Gewinnstreben ist einer der stärkst____ Impulse der frei____ Marktwirtschaft.

f) Der sozial____ Schutz der Arbeitnehmer ist Aufgabe der modern____ Sozialpolitik.

g) Die Mitbestimmungsrechte beginnen bei sozial____ und personell____ Fragen; die Arbeitnehmer sind aber auch an wichtig____ Unternehmensentscheidungen beteiligt.

h) Die EWG war ein Schritt zur wirtschaftlich____ Integration in Europa.

i) Aus europäisch____ Perspektive war diese wirtschaftlich____ Entscheidung auch von politisch____ Bedeutung.

j) Island trat der EFTA als weiter____ Mitglied bei.

k) Wegen des neu____ Zollgesetzes sind die Preise für dieses landwirtschaftlich____ Produkt gefallen.

l) Die Bestimmungen sorgen für einen Markt einheitlich____ Preisniveaus.

m) Wegen hoh____ Zinssätze stieg der Dollar.

n) Die EG hatte 1973 einen Anteil von 37,2 % am gesamt____ Welthandel; im gleich____ Jahr betrug der Anteil der Vereinigt____ Staaten 12,6 % des weltweit____ Handels.

o) Die Eisenbahnen werben mit niedrig____ Transportkosten für größer____ Gütermengen und besonders sperrig____ Güter.

8. Setzen Sie folgende Sätze ins Futur:

a) Es gibt 3000 km Rohrleitungen.
b) Durch den Betriebsrat wird die Einhaltung von Betriebsvereinbarungen kontrolliert.
c) Die Produktionsbetriebe von General Electric wurden vergrößert.
d) Die Zölle für den Import von Waren sind beseitigt.

9. Beantworten Sie folgende Fragen:

a) Was für Verkehrsmittel gibt es?
b) Was für Güter werden transportiert?
c) Was für Güter transportiert vor allem die Binnenschiffahrt in der Bundesrepublik?
d) Welche großen deutschen Flüsse kennen Sie?
e) Wodurch sind die Flüsse miteinander verbunden?
f) Wie wird flüssiges Massengut transportiert?
g) Wie heißen die großen Wasserwege der Binnenschiffahrt in den Vereinigten Staaten?
h) Wie heißen die großen Seehäfen der Bundesrepublik?
i) Welche Bedeutung hat die Binnenschiffahrt?

Übungen zu Lesetexten 9 Ü LT 9

1. Adjektivdeklination

Beispiele: Ein erst**er** Schritt zur europäischen Einheit war die EWG.
Mit Hilfe eines groß**en** Kredits wurde der Betrieb modernisiert.
In einem modern**en** Betrieb sind die Infrastrukturen gewährleistet.
Die Wirtschaft produziert für einen international**en** Markt.

Stellen Sie Regeln für diese Adjektivdeklination auf!

Ergänzen Sie entsprechend die fehlenden Endungen:

a) Dieses Unternehmen arbeitet in einem ganz ander_____ Bereich.

b) Ein durchschnittlich_____ Konsument ist stark von der Werbung beeinflußt.

c) Zu der Idee eines modern_____ westlich_____ Staates gehört die Marktwirtschaft.

d) Die Sozialpartner arbeiteten einen neu_____ Arbeitsvertrag aus.

Beispiele: Eine groß**e** Mehrheit wählte den Kollegen Bolz in den Betriebsrat.
Die Macht einer modern**en** Volkswirtschaft beruht auf ihrer Industrie.
Bei einer modern**en** Marktwirtschaft muß Wettbewerb herrschen.
Die Industrie sorgt für eine effektvoll**e** Werbung.

Stellen Sie Regeln für diese Adjektivdeklination auf!

Ergänzen Sie entsprechend die fehlenden Endungen:

g) In einer hochindustrialisiert_____ Gesellschaft ist das Postwesen einer der wichtigsten Faktoren.

h) Die Industrie sorgt für eine steigend_____ Nachfrage nach Transportleistungen.

i) Eine unmodern_____ Binnenschiffahrt muß mit der Konkurrenz von Rohrleitungen rechnen.

j) Ist die Voraussetzung einer hoh_____ Entlohnung bestimmend für das Leistungsstreben des Einzelnen?

Beispiele: Ein neu**es** Erzeugnis ist auf den Markt gekommen.
Für die Modernisierung eines modern**en** Unternehmens werden Bankkredite aufgenommen.
Der gemeinsame Agrarmarkt beruht auf einem einheitlich**en** Preisniveau.
Kein moderner Staat ist ohne ein funktionierend**es** Postwesen denkbar.

Stellen Sie Regeln für diese Adjektivdeklination auf!

Ergänzen Sie entsprechend die fehlenden Endungen:

k) Ein östlich_____ Grenzgebiet hat die größte Arbeitslosenquote der Bundesrepublik.

l) Bei einem gegenwärtig_____ Transportaufkommen von 275 Millionen Passagieren bewältigen die Bahnen in den USA 16,7 Milliarden Passagierkilometer.

m) Die Voraussetzungen eines modern_____ Telefonsystems sind in den Industriestaaten gegeben.

n) Der Ausbau der Kanäle sorgt für ein vergrößert_____ Verkehrsnetz der Wasserstraßen.

Anmerkung:
Die Pluralform existiert hier nur für die Adjektive nach Possessivattributen und *kein-*.

Beispiele: Keine alt**en** Verkehrsmittel können die Nachfrage befriedigen.
Die Rohrleitungen dienen zum Transport flüssiger, aber keiner fest**en** Massengüter.
In keinen bundesdeutsch**en** Betrieben arbeitet man länger als 40 Stunden.
Man einigte sich über den Preis, aber auf keine fest**en** Termine.

o) Die Arbeiter wurden für ihre gut_____ Leistungen prämiiert.

p) Die EG-Staaten verfolgen auch in ihren wirtschaftlich_____ Planungen politische Ziele.

q) Unsere persönlich_____ Beziehungen zu diesem Unternehmen sind gut.

r) Wegen ihrer politisch_____ Auswirkungen werden multinationale Konzerne oft kritisiert.

2. Bilden Sie das Passiv mit Modalverben:

Beispiel: Man kann Daten in den öffentlichen Netzen mit unterschiedlichen Geschwindigkeiten übertragen.
Daten *können* in den öffentlichen Netzen mit unterschiedlichen Geschwindigkeiten *übertragen werden.*

a) Man kann fast immer eine Möglichkeit finden.
b) Er muß einen Kredit aufnehmen.
c) Man sollte den Betrieb vergrößern.
d) Die Sozialpartner können einen neuen Vertrag schließen.

3. Was ist der Unterschied in der Aussage?

a) Das Fernsprechwählnetz *ist* für die Übertragung von analogen Signalen konzipiert.
Das Fernsprechwählnetz *wird* für die Übertragung von analogen Signalen konzipiert.
b) Das Geld *ist* transferiert.
Das Geld *wird* transferiert.
c) Die Presse *ist* unterrichtet.
Die Presse *wird* unterrichtet.

4. Ergänzen Sie die Endungen:

a) In jed_____ Stadt gibt es eine Post.

b) Fast jed_____ Familie hat ein Telefon.

c) Die Bank gibt nicht jed_____ Unternehmen Kredit.

d) Für jed_____ Arbeiter zahlt das Unternehmen Sozialleistungen.

e) Jed_____ größere Betrieb muß einen Betriebsrat haben.

f) Die freie Entscheidung ist das Recht jed_____ Konsumenten.

g) Dieser Betrieb wurde ohne jed_____ Hilfe modernisiert.

h) Jed_____ marktwirtschaftliche System beruht auf der Konkurrenz.

5. Setzen Sie die fehlenden Possessivpronomen ein:

a) Zu _____ Zeitalter mit _____ industrialisierten Gesellschaft gehört ein funktionstüchtiges Postwesen.

b) Die technischen Bedingungen charakterisieren _____ Verwendung und
die Datenübertragung.

c) Mit _____ 20000 Niederlassungen ist die Bundespost Europas größtes
Dienstleistungsunternehmen.

d) Das System des Mississippi und _____ Zuflüsse stellt die wichtigsten
Wasserstraßen für die Binnenschiffahrt der USA dar.

e) Die Binnenschiffahrt transportiert Massengut; _____ Konkurrenz sind die
Rohrleitungen.

f) Für die Arbeitnehmer und _____ Familien sorgt die Bundesrepublik

durch _____ Sozialgesetze.

6. Positionsverben

**Beschreiben Sie die Zeichnungen (S. 78/79) von Wilhelm Busch* (1832−1908) und gebrau-
chen Sie die Verben *stehen – stellen, liegen – legen, hängen – hängen, sitzen – setzen*.**

* _____
Wilhelm Busch war ein berühmter Dichter, Maler und
Zeichner–in Deutschland der Vater der „Comics". Seine
berühmteste Bildgeschichte ist *Max und Moritz*.

Hausaufgaben

7. Ergänzen Sie, wo nötig, die Adjektivendungen:

a) Der sozial_____ Schutz der Arbeitnehmer ist umfassend_____.

b) Bei intensiv_____ Außenhandel ist die Zahlungsbilanz positiv_____.

c) In den Vereinigt_____ Staaten gibt es eine präsidial_____ Republik mit bundesstaat-

   lich_____ Verfassung.

d) Die Vereinigt_____ Staaten exportieren auch landwirtschaftlich_____ Produkte.

e) Die gegenwärtig_____ Phase der Entwicklung der kapitalistisch_____ Produktionsweise ist
   durch die Internationalisierung der Ökonomie charakterisiert.

f) General Electric wird noch weiter_____ Betriebe in Übersee errichten.

g) In einem demokratisch_____ Staat gibt es frei_____ Wahlen.

h) Wir stehen in dauernd_____ Korrespondenz mit einem größer_____ Unternehmen.

i) Wir bitten Sie, mit folgend_____ Unternehmen Kontakt aufzunehmen.

j) Mit Hilfe sogenannt_____ Marktordnungen kann das einheitlich_____ Preisniveau gehalten werden.

k) Aufgrund seiner besonder_____ Lage ist dieses Grenzgebiet eine sogenannt_____ Problemregion.

l) Die USA bestreiten einen groß_____ Teil des gesamt_____ Welthandels.

m) Mitbestimmung ist ein wichtig_____ Kernbereich der Sozialpolitik.

n) Die Bahn transportiert leicht_____ und schwer_____ Güter.

o) Für die Übertragung der digital_____ Daten müssen diese erst in tonfrequent_____ Signale umgewandelt werden.

8. Bilden Sie das Passiv:

a) Täglich hat die Bundespost 32 Millionen Briefsendungen befördert.
b) Man muß die digitalen Daten in tonfrequente Signale umwandeln.
c) Die Werbung darf den Konsumenten nicht zu stark beeinflussen.
d) Der Arbeitgeber kann nicht zu Lasten der Arbeitnehmer einseitig betriebliche Maßnahmen ergreifen.

9. Setzen Sie die Possessivpronomen ein:

a) Herr Wolf schreibt _____ Partner.

b) Die UNO fordert von _____ Mitgliedstaaten Beiträge.

c) Der Dollar hatte _____ höchsten Stand seit einem Jahr erreicht.

d) Großbritannien steigerte _____ Erdölproduktion um 233 %.

e) Die Gesellschaft will in den nächsten vier Jahren 16 Milliarden Dollar für

_____ Projekte investieren.

f) Das Recht des Arbeitnehmers, sich zu Gewerkschaften zusammenzuschließen, um

_____ Lage zu verbessern, heißt Koalitionsfreiheit.

10. Übersetzen Sie folgenden Text ins Englische (ohne Wörterbuch, nur mit Hilfe Ihrer Wortkartei):

Zum ersten Mal seit dem Beginn der Erdölförderung vor 118 Jahren hat die Gesamtproduktion 1977 mehr als drei Milliarden Tonnen erreicht. Nach dem Petroleum Economist nahm die Erdölförderung weltweit um 9,4 % auf 3,025 Milliarden Tonnen zu. 1976 war die Förderung nach dem Rückgang von 1975 um 8,3 % gewachsen. Größter Ölproduzent ist nach wie vor die Sowjetunion mit 551 Milliarden Tonnen, gefolgt von den Vereinigten Staaten mit 463 Milliarden

Tonnen. Erst an dritter Stelle steht das Land mit den größten Ölreserven und dem stärksten Einfluß innerhalb des Ölkartells der OPEC, Saudi-Arabien, das seine Förderung um 5,7 % auf 453 Milliarden Tonnen steigerte. Am spektakulärsten war die Förderungszunahme in der Nordsee. So steigerte Großbritannien seine Produktion um 233 Prozent auf 40,1 Millionen Tonnen. In der Rangfolge der ölproduzierenden Länder rückte Großbritannien vom 26. auf den 15. Platz vor.

Übungen zu Lesetexten 10

1. Lesen Sie:

a) Amerika hatte zum 1. Mal ein Defizit in der Handelsbilanz.
b) Als Abnehmer amerikanischer Produkte nimmt die Bundesrepublik den 3. Platz ein.
c) Die Zeitung ist vom 21. Februar.
d) Exxon steht unter den Ölfirmen an 1. Stelle.
e) Heute ist der 4. April.
f) Der Vertrag wurde am 12. Mai abgeschlossen.
g) Der 25. Dezember ist immer ein Feiertag.
h) Heute haben wir den 5. November.
i) Der 1. Lesetext handelt u. a. von der EG.
j) Maschinen stehen an der 1. und Autos an der 2. Stelle der deutschen Ausfuhrgüter.
k) Die Namen der letzten vier Päpste sind Johannes XXIII., Paul VI., Johannes Paul I. und Johannes Paul II.

2. Ergänzen Sie folgende Sätze:

a) Die EG-Länder importieren Maschinen _____ Bundesrepublik.

b) Auch die OPEC-Länder importierten Maschinen _____ Deutschland.

c) Die Bundesrepublik exportiert chemische Erzeugnisse _____ Amerika.

d) Sie exportiert auch Fahrzeuge _____ USA.

e) Die Vereinigten Staaten investierten von 1960 bis 1970 20 Milliarden DM

_____ Bundesrepublik (_____·_____ Deutschland).

f) Die Bundesrepublik investierte in dieser Zeit über 5 Milliarden DM _____
Schweiz.

g) Österreich importierte 1978 11 % seines Bedarfs aus _____ UdSSR und
anderen Ostblockländern.

h) Die deutsche Wirtschaft muß Rohstoffe _____ Australien (Aluminium),

_____ Kanada (Uran) und _____ UdSSR (Titan),

_____ OPEC-Ländern (Erdöl) und vielen anderen Ländern importieren.

i) Der Rhein fließt _____ Schweiz _____ Holland

(_____ Niederlande).

j) Unsere Prospekte gibt es _____ Großbritannien, _____

Frankreich, _____ Schweiz, _____ Kanada,

_____ USA, _____ Italien und _____
Türkei.

3. Ergänzen Sie die folgenden Sätze:

a) Das Volumen des Handels ist _____ zwei Jahren Stagnation wieder _____ 12 % gestiegen.

b) Die Importe der Bundesrepublik _____ _____ DDR sind _____ 18 % _____ 4,8 Mrd. DM gestiegen.

c) In der DDR blieb die Getreideernte _____ eine Million Tonnen _____ dem Plan zurück.

d) Die EG der sechs Mitgliedstaaten war 1957 nur _____ 26,5 % _____

deutschen Außenhandel beteiligt; dieser Anteil stieg 1979 _____ 47 %.

e) Die Energieversorgung ist _____ 55 % _____ Ausland abhängig.

f) Frankreich und die Niederlande gehören _____ EG.

g) Beide Länder zählen _____ den hochentwickelten Industriestaaten.

h) Die meisten Rohstoffe müssen _____ _____ Ausland importiert werden.

4. _dorther_ oder _dorthin_ oder _dort?_

a) Kanada ist ein Handelspartner der Bundesrepublik, die Rohstoffe von _____ bezieht.

b) Ich komme aus der Bundesrepublik; kommen Sie auch _____?

c) Unser Unternehmen hat Kapital in der Bundesrepublik investiert; investieren Sie auch

_____?

d) Der Handel Westdeutschlands mit der DDR ist wieder gestiegen; die Bundesrepublik

liefert Rohöl _____ und bezieht Fertigprodukte wie Benzin und Heizöl _____.

e) Das ist die neue Adresse des Unternehmens; wir liefern die Waren jetzt _____.

f) Sie wollen Kapital in den Vereinigten Staaten investieren? Haben Sie denn _____ eine Filiale?

g) Schauen Sie in das Telefonbuch. Sie finden _____ meine Adresse.

h) Vom Gesamtexport gingen 82 % in Industrieländer; 79 % kamen _____.

i) Die Schweiz ist ein kleines und reiches Land; es gibt _____ praktisch keine Arbeitslosigkeit.

5. Bilden Sie Sätze mit *um . . . zu* oder *damit*:

Beispiel: Die deutsche Volkswirtschaft muß diesen Aktivposten einsetzen, *um* sich mit Rohstoffen *zu* versorgen.

Die deutsche Volkswirtschaft muß diesen Aktivposten einsetzen, *damit* die steigende Einfuhr von Rohstoffen bezahlt werden kann.

a) Wir haben der Firma geschrieben. Sie soll uns ihre Prospekte schicken.

b) Die Bahn hat ihr Streckennetz vergrößert. Sie will jährlich mehr als eine Milliarde Personen befördern.

c) Exxon will 16 Milliarden Dollar investieren. Sie will die Exploration und Gewinnung von Öl und Gas fördern.

d) Die Arbeitnehmer schließen sich zu Gewerkschaften zusammen. Sie wollen ihre Lage verbessern.

e) Die Arbeiter in den britischen Ford-Werken haben gestreikt. Die Schichtzeiten sollen geändert werden.

6. Bilden Sie aus den folgenden Hauptsätzen je einen Haupt- und einen Nebensatz; kausal, mit *daß* oder als Relativsatz:

a) Die Zahlungsbilanzüberschüsse begannen zu schwinden. Die Einfuhren nahmen schneller zu als die Ausfuhren.

b) Die einzigen Rohstoffe sind Eisenerze. Sie verfügen *über die Rohstoffe.*

_____

c) 1975 wurden 149 Millionen Telefonanschlüsse in den USA gezählt. 122 Millionen *von den Telefonanschlüssen* entfielen auf das Bell-System.

_____

d) Die Firma hat einen Kredit aufgenommen. Wir haben *es* gehört.

_____

7. Bilden Sie den Komparativ bzw. den Superlativ:

a) Diese Produkte werden im Ausland _____ *(gut)* und

_____ *(billig)* hergestellt _____ im Inland.

b) Die _____ *(wichtig)* Exportprodukte der Vereinigten Staaten sind

Maschinen und Fertigwaren.

c) Die japanische Industrie ist die _____ *(groß)* Konkurrenz für die westli-

chen Industrieländer.

d) Der Dollar steht heute _____ *(hoch)* als vor einem Jahr. Seinen

_____ *(hoch)* Stand erreichte er im Dezember.

Hausaufgaben

8. Schreiben Sie die Zahlen in Buchstaben:

a) Der 31. März war ein Sonntag.
b) Johannes XXIII. war der Vorgänger von Paul VI.
c) Mein Geburtstag ist am 8. April.
d) Wir leben im 20. Jahrhundert.
e) Was wird das 21. Jahrhundert uns bringen?
f) Wir schreiben heute den 5. November.
g) Großbritannien rückte auf den 16. Platz der ölproduzierenden Länder vor.

9. Ergänzen Sie die Adjektivendungen:

a) Wo ist die neu_____ Bibliothek?

b) Haben Sie von dieser deutsch_____ Gesellschaft gelesen?

c) Die hoh_____ Erdölpreise sind ein groß_____ Problem.

d) Die Inflation war das zentral_____ Thema der Konferenz.

e) Der amerikanisch_____ Präsident wird vom Volk gewählt.

f) Bei immer größer_____ Konsum muß man mit immer höher_____ Preisen rechnen.

g) Gut_____ Essen ist für ihn das wichtigste.

h) Die Gewerkschaften organisierten sich gegen sozial_____ Unrecht.

i) Bei schlecht_____ Licht kann man nicht lesen.

j) Bei hoh_____ Inflation verarmt die Bevölkerung.

k) Sie rauchen aber gut_____ Tabak!

l) Das Buch handelt von deutsch_____ Geschichte.

m) Es gibt keine besser_____ Produkte als dieses.

n) Die Bundesrepublik ist ein modern_____ Industriestaat.

o) Die Ford-Arbeiter haben einen lang_____ Streik beendet.

10. Ergänzen Sie folgende Sätze:

a) Kommen Sie _____ Schweiz? Wir kommen auch gerade

_____

b) Wir fahren _____ Türkei, _____ Deutschland,

_____ Vereinigten Staaten, _____ Amerika,

_____ England, _____ Frankreich, _____

Schweiz, _____ UdSSR, _____ Berlin,

_____ Hamburg, _____ London, _____

Bundesrepublik, _____ Tschechoslowakei.

11. Bilden Sie Sätze mit *um . . . zu* oder *damit*:

a) Der Betriebsrat wurde geschaffen (der Arbeitergeber – nicht einseitig betriebliche Maß-
    nahmen ergreifen können)

    _____

b) Die Infrastruktur ist im ganzen Lande für Industrieansiedlungen gewährleistet (die
    Industrialisierung des Landes – fördern)

    _____

c) Sechs Länder kamen zusammen (Europäische Gemeinschaft – gründen)

    _____

**12. Suchen Sie eine neue Überschrift für Lesetext 10.2 und beantworten Sie schriftlich
folgende Fragen zu diesem Text:**

Von welchen Rohstoffen wird hier gesprochen?
Welche Rolle spielt dieser Aktivposten für die Bundesrepublik?

13. Ergänzen Sie die Präpositionen:

a) Die Bundesrepublik verfügt _____ wenige Rohstoffe.

b) Sie muß sich _____ Rohstoffen _____ dem Ausland versorgen.

c) Die Bundesrepublik gehört _____ Europäischen Gemeinschaft.

d) Das Unternehmen ist _____ 5 % _____ der Gesamtproduktion beteiligt.

e) Die EG wurde _____ drei weitere Staaten erweitert.

f) Die Bundesrepublik nahm _____ den Handelspartnern der USA den dritten Platz
    ein.

g) _____ Artikel 129 des Vertrages wurde die Europäische Investitionsbank errichtet.

h) Die Mitglieder einer Kapitalgesellschaft sind _____ Gesellschaftskapital beteiligt.

i) Die Amerikaner deckten bis in die sechziger Jahre ihren Ölverbrauch _____ etwa

    75 % _____ amerikanischen Quellen.

j) In der Rangfolge der ölproduzierenden Länder rückte Großbritannien _____ 26.

    _____ den 16. Platz vor.

14. Übersetzen Sie folgenden Brief ohne Wörterbuch ins Englische:

> *Ferdinand Pohl*
> *Brandstwiete 41*
> *2000 Hamburg 11*
>
> *Frankfurter Allgemeine Zeitung*
> *Hellerhofstr. 2*
>
> *6000 Frankfurt 1*   *Hamburg, den 3. März 19 . .*
>
> *Sehr geehrte Damen und Herren,*
>
> *In Ihrem Wirtschaftsteil vom 22. Februar d. J. erschien ein Artikel zur Statistik der Erdölproduktion unter dem Titel „Großbritannien rückt in die Spitzengruppe der Förderländer vor".*
>
> *Als Mitarbeiter des Instituts für Mineralölforschung in Hamburg bin ich an Daten über die Förderung von Erdöl in der Nordsee interessiert, ebenso an der Fördertechnik.*
>
> *Ich wäre Ihnen sehr dankbar, wenn Sie mir zusätzliche Informationsmöglichkeiten nennen könnten.*
>
> *Mit bestem Dank für Ihre Bemühungen und freundlichen Grüßen*
>
> *Ferdinand Pohl*

15. Lesen Sie sich den deutschen Brief mehrmals durch und versuchen Sie dann, ihn – ohne Vorlage des Briefes – aus dem Englischen ins Deutsche zurückzuübersetzen.

16. Schreiben Sie – erst auf englisch, dann auf deutsch – eine Aktennotiz zu LT 9.4 (S. 21).

Wiederholung und Transfer 3

1. Präpositionen, Artikel, Kasusendungen

a) Um _____ Italien _____ Deutschland zu kommen, fährt man _____ _____

Schweiz.

b) Kommen Sie _____ Deutschland?

c) Fahren Sie _____ England?

d) Rom liegt _____ Tiber.

e) Istanbul liegt _____ Türkei.

f) Ich arbeite _____ 5 Uhr; _____ 5 Uhr habe ich frei.

g) Fahren Sie _____ Ihr_____ Freundin _____ Berlin?

h) Sie wohnt _____ ihr_____ Eltern.

i) Ich habe lange _____ d_____ Restaurant gestanden und gewartet.

j) Hänge das Bild _____ _____ Schreibtisch.

k) Warum setzt du dich nicht _____ _____ Stuhl?

l) Die Abgeordneten sitzen _____ Parlament.

m) _____ _____ katastrophalen Wirtschaftslage gab es eine Regierungskrise.

n) Stellen Sie diese Bücher _____ _____ Schrank.

o) Nehmen Sie diese Bücher _____ _____ Schrank.

p) Arbeitest du _____ dein_____ Dissertation?

q) Ich komme _____ 2 und 3 Uhr _____ dir.

r) _____ welch_____ Buch hast du die Daten gefunden?

s) _____ welch_____ Seite?

2. Antworten Sie negativ:

a) Haben Sie mein Buch? _____

b) Haben Sie ein Buch? _____

c) Haben Sie Bücher? _____

d) Haben Sie das Buch? _____

e) Hast du Geld? _____

f) Hat er den Schlüssel für das Auto? _____

g) Hat sie einen Schlüssel für die Wohnung? _____

h) Haben Sie Kinder? _____

i) Gibt es hier einen Zeitungskiosk? _____

j) Gibt es hier eine Garage? _____

k) Ist das hier das Restaurant „Zum Elefanten"? _____

l) Sind Sie Frau Meyer? _____

m) Wohnt hier eine Frau Meyer? _____

n) Hast du noch eine Zigarette? _____

3. Possessivpronomen

a) Die Schweizer wissen, wie klein _____ Land ist.

b) Der Schweizer weiß, wie klein _____ Land ist.

c) Die führenden Gruppen sind in der Lage, durch _____ Position Gesetze zu machen.

d) Sie stellen in _____ Gesamtheit die Machtelite dar.

e) Dorothea schreibt über _____ zukünftigen Mann.

f) Christian schreibt über _____ zukünftige Frau.

g) Die Gründerväter der USA arbeiteten 10 Jahre lang an _____ Verfassung.

h) Der Bundestag beschließt die Gesetze, und die Bundesregierung untersteht _____ Kontrolle.

i) Darf ich einen Moment _____ Zeitung lesen, Herr Seibert?

j) Informiert die Zeitung _____ Leser objektiv?

k) Er kommt mit _____ Frau.

l) Sie kommt mit _____ Mann.

m) Sie hatte _____ Buch vergessen.

n) Er hatte _____ Buch vergessen.

o) Sie hatten _____ Bücher vergessen.

p) Er arbeitet im Büro _____ Vaters.

q) Sie arbeitet im Büro _____ Vaters.

r) Er wollte nicht bei _____ Vater arbeiten.

s) Sie wollte nicht bei _____ Vater arbeiten.

t) Die Gewerkschaften konnten mit der Solidarität _____ Mitglieder rechnen.

u) Die Bundesrepublik exportiert _____ Produkte in viele Länder.

v) Wann machst du _____ Prüfung?

w) Habt ihr _____ Prüfung gemacht?

x) Er arbeitet jetzt als Lehrer; _____ Studium ist zu Ende.

y) Wir haben viele Menschen auf der Party getroffen, aber keiner _____ Freunde ist
    gekommen.

z) Wo wart ihr denn gestern? An_____ Telefon hat sich den ganzen Tag niemand ge-

    meldet.

4. Stellen Sie die Fragen zu folgenden Antworten:

a) _____ ? – Ich wohne bei meinen Eltern.

b) _____ ? – Ich verreise mit meiner Familie.

c) _____ ? – Er arbeitet in der Autoindustrie.

d) _____ ? – Sie hat ihrem Freund geschrieben.

e) _____ ? – Wir gehen zu unseren Verwandten.

f) _____ ? – Ich fahre nach Australien.

g) _____ ? – Er lebt in Italien.

h) _____ ? – Sie kommen aus Deutschland.

i) _____ ? – Es (das Buch) steht im Schrank.

j) _____ ? – Ich habe sie (die Zeitung) auf den Tisch gelegt.

k) _____ ? – Die Zeitungen liegen in der Bibliothek.

l) _____ ? – Sie hat die Teller in die Küche gestellt.

m) _____ ? – Dein Mantel hängt an der Garderobe.

n) _____ ? – Die Schlüssel stecken in meiner Tasche.

o) _____ ? – Ich habe sie (die Schlüssel) an die Tür gehängt.

p) _____ ? – Ich habe deine Papiere in deine Tasche gesteckt.

q) _____ ? – Er schreibt mit einem Bleistift.

r) _____ ? – Ich arbeite für mein Examen.

s) _____ ? – Ich habe es durch die Zeitung erfahren.

t) _____ ? – Er schreibt gerade an seiner Arbeit.

u) _____ ? – Ich schließe das aus seinen Worten.

v) _____ ? – Es handelt sich um eine wichtige Frage.

w) _____ ? – Ich komme um fünf Uhr.

x) _____ ? – Er arbeitet bis sieben Uhr.

y) _____ ? – Wir können nichts für ihn tun.

z) _____ ? – Ich habe es von meinem Freund erfahren.

5. Ergänzen Sie *müssen, sollen, dürfen, können* oder *wollen*:

a) Dorothea und Christian sind 10 Jahre alt. Ihr Ideal des Mannes oder der Frau beziehen sie

   von Film und Fernsehen. In der Schule _____ sie über das Thema *Mein zukünftiger*

   Mann/Meine zukünftige Frau schreiben.

   Dorothea schreibt: Er _____ gut verdienen, er _____ reich sein, er _____

   ein großes Auto haben, er _____ einen Bart haben. Dorothea schwimmt gut und

   gern; deshalb schreibt sie auch: Er _____ schwimmen können.

b) Christian schreibt: Sie _____ schön aussehen, sie _____ kochen können, sie

   _____ nicht größer sein als ich und sie _____ nicht trinken.

c) Ich _____ diesen Brief auf die Post bringen. *(Mein Chef hat es mir gesagt.)*

d) Ich _____ diesen Brief auf die Post bringen. *(Er ist für meine Mutter; sie hat morgen
   Geburtstag.)*

e) Wenn meine Frau nicht kochen _____, werde ich kochen.

f) Wenn meine Frau nicht kochen _____ und ich auch keine Lust habe, gehen wir ins
   Restaurant.

g) Ich war beim Arzt; ich _____ Gymnastik machen, hat er gesagt, und fünf Kilo
   abnehmen.

h) Warum _____ Sie jetzt schon gehen? Es ist noch früh.

i) Die Schule hat große Aufgaben: sie _____ den zukünftigen Staatsbürger erziehen.

j) Ich _____ nicht dicker werden, ich _____ unbedingt abnehmen, ich _____
   jetzt weniger essen und Sport treiben.

6. Uhrzeiten

a) Es ist jetzt 5 Uhr
           5 Uhr 15 = Viertel nach 5, auch: Viertel 6
           5 Uhr 30 = halb 6
           5 Uhr 45 = Viertel vor 6, auch: drei Viertel 6

b) Er kam um 12 Uhr
           12 Uhr 10 = 10 Minuten nach 12
           12 Uhr 15 = Viertel nach 12
           12 Uhr 30 = halb 1

c) Der Zug fährt um 22.23 Uhr (22 Uhr 23)
                  8.05 Uhr (8 Uhr 5)

7. Lesen Sie:

a) Wir essen _____ 13 Uhr. (13.15, 13.30, 13.45)

b) Die Arbeitszeit geht von fünf bis acht.
                           von 7.30−16.30 Uhr.
                           von 14−18 Uhr.

c) Der Zug fährt um 18.42 ab und kommt um 22.16 an.
                      12.14   14.02
                        8.02   11.27

d) Der Flug dauert etwa vier Stunden von 11.30−15.20 Uhr.
                                            von 8.10−12.20 Uhr.
                                            von 16.15−20.30 Uhr.

1. Bilden Sie Sätze mit dem Infinitiv und *zu*:

Beispiel: Der Fabrikant will mehr produzieren. Die Preissteigerungen geben ihm einen Anlaß.
  Preissteigerungen bieten dem Fabrikanten einen Anlaß, mehr *zu produzieren*.

a) Der Konsument will seine Bedürfnisse befriedigen. Niedrige Preise machen es möglich.

_____

b) Der Produzent will möglichst teuer verkaufen. Er versucht es.

_____

c) Man muß die verschiedenen Interessen zum Ausgleich bringen. Es ist die Aufgabe des Preises.

_____

d) Die Firma bezahlt die Rechnung nicht. Es ist ihr wirklich nicht möglich.

_____

2. Ergänzen Sie die Präpositionen und, wo nötig, die Kasusendung und den Artikel:

a) Preissteigerungen führen _____ gleichbleibenden Kosten zu wachsenden Gewinnen.

b) Angebotssteigerungen üben einen Druck _____ _____ Preise aus.

c) Preissenkungen _____ bestimmten Gütern erhöhen die Kaufkraft.

d) Wer kauft, ist _____ niedrigen Preisen interessiert.

e) Der Umsatz stieg _____ 18 %.

f) _____ dies_____ Maßnahmen steigt die Arbeitslosigkeit.

g) Er ist _____ _____ Betrieb ausgeschieden.

h) Der Großhandel bietet _____ _____ Prinzip der Selbstbedienung ein breites

   Sortiment _____ Konsumgütern an.

i) _____ dies_____ Wirtschaftslage kann man nicht investieren.

j) Die EG war 1957 _____ 26,5 % _____ _____ deutschen Außenhandel beteiligt.

k) _____ geringem Rohstoffvorkommen müssen andere Aktivposten _____

_____ Wirtschaft gefunden werden.

3. Adjektivdeklination
Ergänzen Sie die Endungen:

a) Erhöht_____ Kosten führen zu verändert_____ Gewinnen.

b) Eine rückläufig_____ Preisentwicklung wird in Gang gesetzt.

c) Niedrig_____ Preise bei bestimmt_____ Gütern ermöglichen es mehr Verbrauchern,

ihre entsprechend_____ Bedürfnisse zu befriedigen.

d) Das ist ein Kernstück der marktwirtschaftlich_____ Ordnung.

e) Die verschieden_____ Marktpartner verfolgen sehr unterschiedlich_____ Ziele.

f) Kleiner_____ und nicht leistungsfähig_____ Unternehmen war der Wettbewerb nicht mehr möglich.

g) In den sechzig_____ Jahren entstand im Großhandel eine neu_____ Betriebsform, durch

die preisgünstiger_____ Waren geliefert wurden als durch den traditionell_____ Groß-handel.

h) Sie bieten ein breit_____ Sortiment von Konsumgütern an.

i) Der Preis soll die widerstreitend_____ Interessen in der frei_____ Marktwirtschaft zum Ausgleich bringen.

4. Finden Sie eine andere Form des Relativsatzes:

Beispiel: Alles Gute ist nicht immer teuer.
       Was gut ist, ist nicht immer teuer.

a) Alle, die bargeldlos bezahlen wollen, müssen Schecks oder eine Kreditkarte haben.

_____

b) Alle, die kein Kapital haben, müssen Kredite aufnehmen.

_____

c) Jeder, der das nicht weiß, ist schlecht informiert.

_____

d) Er kann nicht alle Dinge wissen, die du von ihm wissen willst.

_____

e) Nichts von den Dingen, die du wissen wolltest, kann ich dir sagen.

_____

f) Jemand, der dieser Information glaubt, hat die Zeitung nicht gelesen.

_____

5. Bilden Sie indirekte Fragesätze mit *ob*:

Beispiel: Sind die Preise gestiegen? Ja oder nein? Informieren Sie mich.
        Informieren Sie mich, *ob* die Preise gestiegen sind.

a) Spielt der Preis eine bestimmte Rolle in diesem Mechanismus?
   Erklären Sie es mir.

_____

b) Werden Sie zu der Konferenz kommen?
   Schreiben Sie es uns.

_____

c) Kennen Sie eine Maßnahme gegen die Inflation?
   Sagen Sie es mir.

_____

d) Kann der Konsument frei entscheiden?
   Es ist die Frage.

_____

e) Hat die Regierung Maßnahmen gegen die Arbeitslosigkeit getroffen?
   In der Zeitung steht es nicht.

_____

6. Setzen Sie Lesetext 11.1 ins Präteritum und ins Perfekt.

Hausaufgaben

7. Bilden Sie Sätze mit dem Infinitiv und *zu*:

a) Wir verkaufen jetzt die Aktien. Wir haben die Möglichkeit.

_____

b) Ich habe die Aktien verkauft. Es ist gut.

_____

c) Ich kann die Aktien jetzt verkaufen. Ich glaube es.

_____

d) Die meisten westlichen Länder führen weniger Erdöl ein. Sie versuchen es.

_____

8. Ergänzen Sie die Präpositionen und, wo nötig, die Kasusendung und den Artikel:

a) Die USA sind eine präsidiale Republik _____ ein____ bundesstaatlichen Verfassung.

b) _____ verstärktem Kostendruck sind kleinere Unternehmen nicht mehr konkurrenzfähig.

c) Die Kanäle werden _____ einheitlichen technischen Merkmalen ausgebaut.

d) _____ der schlechten Wirtschaftslage mußten einige Betriebe schließen.

e) Die Fabrik kann gegenwärtig _____ _____ 1000 Stück pro Tag herstellen.

f) Die Einfuhr von Metallen und Erzen lag _____ etwa 20 %.

g) Die Energieversorgung ist _____ 55 % _____ Ausland abhängig.

h) Der Aufsichtsrat muß je _____ Hälfte mit Arbeitnehmern und Kapitalvertretern besetzt sein.

i) Das Betriebsverfassungsgesetz gilt _____ nahezu die gesamte deutsche Wirtschaft.

j) Die Wahl des Konsumenten wird oft _____ externe Faktoren bestimmt, _____ die er wenig Einfluß hat.

k) Westberlin ist _____ sein____ besonderen Lage eine Problemregion.

l) Unser Beratungsbüro steht Ihnen _____ Verfügung.

m) Die Marktwirtschaft beruht _____ _____ Wettbewerb.

n) Die westlichen Nationen sind _____ _____ Marktwirtschaft ausgerichtet.

o) Die Marktwirtschaft hat _____ höchster Leistungsfähigkeit geführt.

9. Adjektivdeklination

Ergänzen Sie die Endungen:

a) Betrieblich_____ Maßnahmen werden vom Betriebsrat kontrolliert.

b) Ein weniger_____(!) entwickelt_____ Gebiet innerhalb der Europäisch_____ Gemeinschaft

kann von der Europäisch_____ Investitionsbank finanziert werden, wenn es nicht über

genügend eigen_____ Mittel verfügt.

c) 1952 kam es zu einem erst_____ Schritt der wirtschaftlich_____ Integration in Europa.

d) Die Bundesrepublik hat keine unterentwickelt_____ Gebiete.

e) Die Infrastruktur im weitest_____ Sinne ist gewährleistet.

f) Mit der erweitert_____ EG wickelt die Bundesrepublik 49 % ihres Außenhandels ab.

g) Die Bundesrepublik ist ein dicht _____(!) besiedelt_____ Industrieland.

h) Die Erhöhung der Ölpreise brachte eine zusätzlich_____ Belastung der amerikanisch_____ Handelsbilanz mit sich.

i) Preissteigerungen können sich nur eine bestimmt_____ Zeit lang halten.

j) Verschieden_____ Marktpartner arbeiten mit unterschiedlich_____ Zielen.

k) Im letzt_____ Jahr ist die Zahl der Beschäftigten stark_____(!) abgebaut worden.

10. Finden Sie eine andere Form des Relativsatzes:

a) Jemand, der Kredit aufnimmt, muß auch produzieren.
b) Alle Dinge, die sie unternommen haben, waren produktiv.
c) Jeder, der arbeitet, hat bestimmte Rechte.
d) Alles Geld, das investiert wurde, ging nicht verloren.
e) Alle, die Aktien von diesem Unternehmen besaßen, wollten sie verkaufen.

11. Bilden Sie indirekte Fragesätze mit *ob, wann, wo, wie, wer, warum* usw.:

Ich möchte wissen:
a) Wer ist gekommen?
b) Wo liegt die Fabrik?
c) Wann ist die Konferenz?
d) Wird das Unternehmen liquidiert?
e) Haben Sie die Aktien gekauft?
f) Warum ist der Preis so hoch?
g) Können Sie uns ein Angebot machen?
h) Welche Bedingungen stellen Sie?
i) Haben Sie Referenzen?
j) Von wem haben Sie Referenzen?
k) Wen können Sie uns nennen?
l) Wie arbeitet die Konkurrenz?

12. Übersetzen Sie folgenden Anzeigentext ohne Wörterbuch ins Englische:

Die *Bayerische Vereinsbank* ist mit einer Konzernbilanzsumme von über 50 Mrd. DM eine der
großen Banken Europas. Über 9000 Mitarbeiter bieten in 380 Zweigstellen modernen
persönlichen Kundendienst. Auch international hat die *BV* Interessantes zu bieten.
Besonders intensive Kontakte bestehen zu den USA. Seit 1971 sind wir im US-Markt direkt
präsent, zunächst durch eine Repräsentanz in New York und jetzt unter dem Namen *Union
Bank of Bavaria* mit Zweigstellen in New York, Chicago und Los Angeles.
Für internationale Finanzierungen stehen unsere Tochterbank in Luxemburg, *Bayerische
Vereinsbank International S. A.,* und unsere Filiale *Grand Cayman* zur Verfügung.

13. Fassen Sie den Inhalt dieser Anzeige in zwei bis drei Sätzen zusammen.

Übungen zu Lesetexten 12 Ü LT 12

1. Bilden Sie den Infinitiv mit *zu*:

a) Die Bank hat das Recht, Banknoten _____. *(ausgeben)*

b) Sie hat die Aufgabe, die Wirtschaft mit Krediten _____. *(versorgen)*

c) Bei geringen Devisenbeständen ist es nötig, weniger Waren _____. *(einführen)*

d) Es bestand die Pflicht, Dollar _____. *(aufkaufen)*

e) Die Bundesbank sah sich gezwungen, _____. *(eingreifen)*

f) Das Direktorium hat die Aufgabe, die Bundesbank _____. *(leiten und verwalten)*

2. Ergänzen Sie die Endungen:

a) In den einzeln_____ Bundesländern gibt es die Landeszentralbanken.

b) Die Banknoten gelangen zur Deutsch_____ Bundespost, zur Bundesbahn oder zu

groß_____ Unternehmen.

c) Die Währungs- und Kreditpolitik wird mit Hilfe einer flexibl_____ Offenmarkt-Politik betrieben.

d) Die Politik der im groß_____ und ganz_____ maßvoll_____ Lohn- und Gehaltsabschlüsse

der deutsch_____ Sozialpartner hatte positiv_____ Resultate.

e) Geringer_____ Preissteigerungen in der Zeit der fest_____ Wechselkurse führte zu Überschüssen in der Waren- und Leistungsbilanz.

f) Wenn Angebot und Nachfrage nach ausländisch_____ Währungen, den sogenannt_____ Devisen, nicht übereinstimmen, muß die Bundesbank eingreifen.

g) Die Bank sucht alle heftig_____ Kursausschläge zu mildern.

3. *Wenn* oder *als*?

a) Die Bank mußte eingreifen, _____ Angebot und Nachfrage nach Devisen nicht übereinstimmten.

b) _____ heftige Kursausschläge auftreten, muß die Bank Devisen kaufen oder verkaufen.

c) _____ sich der Kostendruck verstärkte, mußten kleinere Unternehmen ausscheiden.

d) _____ Rationalisierungsmaßnahmen vorgenommen wurden, wurde die Zahl der Beschäftigten abgebaut.

e) Immer _____ die Preise stiegen, wuchs der Gewinn der Produzenten.

f) _____ die Ölpreise stiegen, gab es ein Defizit in der Handelsbilanz.

4. *um zu* oder *damit?*

a) Die Bundesbank greift ein; sie muß heftige Kursausschläge mildern.

_____

b) Die Tarifparteien betreiben eine maßvolle Lohn- und Gehaltspolitik; die Preise sollen weniger steigen.

_____

c) Der Markt- und Preismechanismus muß funktionieren; er soll die marktwirtschaftliche Ordnung erhalten.

_____

d) Die Preise müssen gesenkt werden; die Verbraucher sollen ihre Bedürfnisse befriedigen.

_____

e) Die digitalen Daten müssen in tonfrequente Signale umgewandelt werden; sie sollen übertragen werden.

_____

5. Ergänzen Sie:

a) _____ den Zweiganstalten _____ gelangen die Banknoten _____

_____ Geld- und Kreditinstituten.

b) Es bestand ein Ankaufzwang _____ _____ Dollar.

c) _____ _____ Floating bestand dieser Ankaufzwang nicht mehr.

d) Es gab heftige Kursausschläge _____ oben und _____ unten.

e) Die Verlegung _____ Betrieben _____ _____ entwickelten Ländern

_____ _____ Entwicklungsländer führt hier _____ Industrialisierung.

6. Setzen Sie folgende Sätze ins Passiv:

a) Die Deutsche Bundesbank muß in einem festen Wechselkurssystem immer dann an- oder verkaufen, wenn Angebot und Nachfrage nach Devisen nicht übereinstimmen.

_____

b) Die Bundesbank greift von Zeit zu Zeit am Devisenmarkt ein.

_____

c) Man kann jetzt Aktien kaufen.

_____

d) Man kann jetzt an der Börse kaufen.

_____

Hausaufgaben

7. Bilden Sie den Infinitiv mit *zu*:

a) Preissteigerungen sind für den Produzenten ein Anreiz, in Zukunft mehr Waren

_____ *(herstellen)*.

b) Der Preis hat die Aufgabe, den Ausgleich von Angebot und Nachfrage

_____ *(herbeiführen)*.

c) Das Land versucht, sich mit Rohstoffen und Energieträgern aus dem Ausland

_____ *(versorgen)*.

d) Es ist möglich, Daten mit unterschiedlichen Geschwindigkeiten _____
(übertragen).

e) Die Arbeitnehmer haben das Recht, bei Entscheidungen im Betrieb

_____ *(mitbestimmen)*.

8. Ergänzen Sie die Endungen:

a) Das Mitbestimmungsrecht galt vor allem in sozial_____ und personell_____ Fragen.

b) Einen rein_____ oder vollkommen_____ Wettbewerb gibt es selten.

c) Ständig_____ Werbung beeinflußt den persönlich_____ Geschmack und die frei_____ Wahl des Konsumenten.

d) Vorher getrennt_____ Agrarmärkte wurden zu einem einzig_____ Agrarmarkt vereint.

e) Die Internationalisierung der Ökonomie ist für die gegenwärtig_____ Phase der kapitalistisch_____ Produktionsweise charakteristisch.

f) Diese rasch_____ Expansion ist kein ungewöhnlich_____ Vorgang.

g) Die Vereinigt_____ Staaten und Frankreich sind präsidial_____ Republiken; Deutschland ist keine präsidial_____ Republik.

h) Wichtig_____ Exportgüter der Vereinigt_____ Staaten sind u. a. *(unter anderem)* landwirtschaftlich_____ Produkte.

i) 1970 bestand die Bevölkerung der USA zu 87,5 % aus Weiß_____ und zu 11,1 % aus Schwarz_____.

j) Bei dieser inflationär_____ Entwicklung muß die Regierung eingreifen.

k) Fest_____ Massengüter werden auf dem Wasserweg billig_____ befördert.

l) Bei verderblich_____ und gefährlich_____ Produkten werden besonder_____ Maßnahmen ergriffen.

9. *wenn* oder *als*?

a) _____ die Bundesbank errichtet wurde, hatte sie u. a. die Aufgabe, die Deutsche Mark stabil zu halten.

b) _____ es noch keine Rohrleitungen gab, wurde flüssiges Massengut auf dem Wasserwege transportiert.

c) Jedesmal _____ das Gewinnstreben stärker wurde, stieg auch die Leistungsfähigkeit.

d) Alle drei Jahre, _____ die Arbeitnehmer einen neuen Betriebsrat wählen, gibt es

große Diskussionen.

e) _____ immer mehr Kraftfahrzeuge als Verkehrsmittel benutzt wurden, mußten neue

Autobahnen gebaut werden.

f) Immer _____ das Unternehmen vergrößert werden sollte, standen die technischen

Probleme an erster Stelle.

10. *um . . . zu* oder *damit*?

a) Das Streckennetz muß erweitert werden; die Nachfrage nach Transportleistungen muß befriedigt werden können.
b) Die Gesellschaft muß Kredit aufnehmen; sie will konkurrenzfähig bleiben.
c) Die UdSSR mußte Gold verkaufen; sie wollte ihre Getreidekäufe im Westen finanzieren.
d) Die Regierung hat einen Kredit bei den Ölländern aufgenommen; sie will ihr Haushaltsdefizit damit finanzieren.
e) Der Konzern wird sich auf bestimmte Märkte spezialisieren; seine Kunden werden dann schneller und besser bedient.

11. Ergänzen Sie die Präpositionen:

a) _____ dem Nominalzinssatz _____ 7 Prozent _____ einem Ausgabekurs

von 100 Prozent hat man _____ der zehn Jahre laufenden Bundesanleihe der
veränderten Kreditsituation Rechnung getragen.

b) _____ der Kapitalerhöhung _____ einigen Wochen ist der Kurs der Deutschen-

Bank-Aktie _____ mehr als 20 Mark gesunken.

c) Die Nachfrage _____ den Aktien der Firma AEG ist ein positiver Faktor.

d) _____ dem Vortag hat sich die Situation am Rentenmarkt stark verändert.

e) _____ des sinkenden Goldpreises ist der Erhaltungsgrad _____ die Bewertung
einer Münze immer wichtiger geworden.

12. Setzen Sie folgende Sätze ins Passiv:

a) Hier kann man Geld wechseln.
b) Hier darf man nicht parken.
c) Man kann davon ausgehen, daß der Dollar weiter steigt.
d) Man wartet darauf, wie die Börse reagiert.

13. Fassen Sie mit Ihren Worten zusammen, was Sie in den Lesetexten 12.1–12.3 über Währung und Währungspolitik erfahren haben.

14. Übersetzen Sie folgenden Artikel ohne Wörterbuch ins Englische:

Aktivität und Wachstum der internationalen Konzerne sind Ausdruck des Konkurrenzverhältnisses zwischen den entwickelten kapitalistischen Ländern, vor allem zwischen Westeuropa und den USA. Während der sechziger Jahre nahm das US-Kapital eine absolut dominierende Position in Westeuropa ein. Noch bis 1963 investierten die USA in Großbritannien, das den Vorteil des Zugangs zum Commonwealth bot, mehr als in allen sechs EWG-Ländern zusammen. Von 1957 bis 1962 verdoppelten sich die amerikanischen Vermögenswerte in der EWG noch einmal. Westeuropa hat sich also zum Zentrum der ausländischen Direktinvestitionen des US-Kapitals entwickelt.

Zusatzübungen

A. Verben mit Präpositionen

1. Diese Entscheidung hängt nicht _____ mir ab.

2. Er bemüht sich _____ eine bessere Position.

3. Interessieren Sie sich _____ Informatik?

4. Ich halte dieses Buch _____ eins der wichtigsten auf dem Gebiet der Ökologie.

5. Ich muß in der Bibliothek _____ einem bestimmten Buch suchen (vgl.: ich muß ein bestimmtes Buch suchen).

6. Wir gehen _____ mehreren Voraussetzungen aus.

7. Die Staatsform beruht _____ der Verfassung.

8. Rechnen Sie _____ einer wesentlichen Veränderung der Lage?

9. Die Industrie übt großen Einfluß _____ die Politik aus.

10. Ich verstehe Sie gut und kann mich _____ Ihrer Lage identifizieren.

11. Wir wollen uns _____ bestimmten Modellen orientieren.

12. Die Werbung rechnet damit, daß die Menschen sich _____ dem Alter fürchten.

13. Man sprach lange _____ den Schwierigkeiten der Situation.

14. Man sprach lange _____ die Schwierigkeiten der Situation.

15. Opel gehört _____ General Motors.

16. Die Arbeitslosigkeit hat starke Auswirkungen _____ die Wirtschaft.

17. Er zählt erst seit kurzem _____ dieser Gruppe.

18. Unsere Aufträge werden _____ bestimmten Kriterien verteilt.

19. Es wäre unfair, _____ ihn zu lachen.

20. Seine Entscheidung war _____ seine Krankheit bedingt.

21. Wir erwarten _____ Ihnen hohes Engagement.

22. Ich zweifle sehr _____ dieser Möglichkeit.

23. Die Firma ist finanziell _____ unserer Gesellschaft beteiligt.

24. Das Unternehmen entwickelte sich _____ einem multinationalen Konzern.

25. Unsere Chemiker arbeiten _____ einem neuen Verfahren.

26. Wir sind _____ möglichst niedrigen Preisen interessiert.

27. Der Umsatz stieg _____ 4,2 Prozent.

28. Wir bitten Sie _____ baldige Mitteilung.

29. Die Macht der Volkswirtschaft beruht _____ der Industrie.

30. Abgesehen _____ den zu hohen Preisen ist auch die Qualität nicht zufriedenstellend.

31. Die Versicherung soll die Waren _____ Schaden schützen.

32. Es handelt sich hier _____ ein ganz neues Produkt.

B. Trennbare Verben

1. Bilden Sie Hauptsätze im Präsens und/oder Präteritum mit folgenden Verben und Substantiven:

zugehen (Informationen); abhängen (Entscheidung); herausgeben (Buch); ausgehen (Situation); ausüben (Beruf); anbieten (Stellung); sich ausbreiten (Krankheit); einwirken (Inflation); darstellen (Situation); voraussetzen (Kenntnisse); mitbringen (Geld); einstellen (Arbeit); zunehmen (Arbeitslosigkeit).

2. Welche der folgenden Verben haben ein trennbares Präfix?

vergessen, mitgehen, benötigen, verstehen, gehören, ausführen, entwickeln, erscheinen, beteiligen, erhalten, einlegen, verbreiten, auswählen, erhöhen, beibehalten.

Welche Regel läßt sich daraus ableiten?

3. Bilden Sie das Partizip Perfekt der Verben von *B2*.

C. Setzen Sie die Präpositionen ein:

1. Die Kosten werden _____ den Steuerzahler abgewälzt.

2. Umweltprobleme entstehen _____ Verbraucher und _____ der Produktion.

3. _____ Autofahren trägt der Konsument zur Umweltverschmutzung bei.

4. Viele chemische Produkte werden nicht _____ die Natur abgebaut.

5. _____ dieses Verfahren entstehen hohe Kosten.

6. Die Ansprüche _____ den Komfort der Autos werden immer höher.

7. Wer zieht den Nutzen _____ dieser Transaktion?

8. _____ diesem Problem ergeben sich auch noch andere Fragen.

9. Die Sorge _____ Umwelteffekte beeinträchtigt politische Zielsetzungen.

10. Wir müssen _____ diesen Alternativen wählen.

11. Die Exportfähigkeit wird _____ Produkte eines hohen technischen Niveaus gesichert.

12. _____ einer Untersuchung der EG hat die Bundesrepublik einen Marktanteil _____ 21,6 %.

13. Inzwischen hat sich Japan _____ der Spitze placiert und die USA _____ den dritten Platz verdrängt.

14. Die Konjunktur wirkt sich _____ die Investitionstätigkeit positiv aus.

15. Wir registrieren einen Rückgang _____ ein Prozent.

16. _____ diesem Verzeichnis sind die Unternehmen ihrer Größe _____ aufgeführt.

17. Lesen Sie die Statistiken _____ die Auslandsmärkte?

18. Wir weisen Sie _____ den Unterschied _____ Volksvermögen und Produktivkapital hin.

19. _____ Produktivkapital gehören nur bestimmte Werte.

20. Der Anteil _____ Volksvermögen wurde hier nur geschätzt.

21. _____ den Wert des gesamten Volksvermögens liegen keine Angaben _____ den amtlichen Statistiken vor.

22. Die Ausgaben belaufen sich _____ sieben Millionen Dollar.

23. Diese Probleme können nicht _____ unser Unternehmen allein gelöst werden.

24. _____ Sommer wird sich der Wasserbedarf verdoppeln.

25. Sie können den Scheck _____ Ihrer Bank zur Gutschrift _____ Ihr Konto einreichen.

26. Der Scheck wurde _____ wenigen Tagen eingelöst.

27. Der Scheck wurde _____ 8 Tagen eingelöst.

28. _____ Auszahlung des Betrages erhalten Sie eine Quittung.

29. Er verfügt nicht _____ die notwendigen Mittel.

30. _____ 1972 gibt es für Privatpersonen den Eurocheque.

31. Wir versuchen, Energie _____ einen effektiveren Einsatz _____ Personal einzusparen.

32. Die Entwicklung hängt _____ den Exportmärkten ab.

33. Die neue Technik wird _____ mehreren Gründen nutzbar gemacht.

34. _____ der wirtschaftlichen Lage mußten wir Arbeiter entlassen.

35. Die Binnenschiffahrt stützt sich _____ ein Netz von Wasserstraßen.

36. Die Verbindung der Flüsse miteinander erfolgt _____ Kanäle.

37. Der wirtschaftliche Vorteil der Binnenschiffahrt _____ anderen Transportarten liegt

    _____ den geringeren Kosten.

38. Das Postwesen gehört _____ den Voraussetzungen des internationalen Handels.

39. Die Post ist _____ einem der wichtigsten Verbindungsglieder _____ den Staaten geworden.

40. _____ in die zweite Hälfte des vorigen Jahrhunderts war _____ einer internationalen Zusammenarbeit nur wenig zu spüren.

41. _____ hundert berufstätigen Menschen in der Bundesrepublik sind 37 Frauen.

42. Die Gründerväter arbeiteten 10 Jahre lang _____ ihrer Verfassung.

43. Sie hatten ein tiefes Mißtrauen _____ jede autoritäre Gewalt.

44. Sie wollten nicht, daß sich der Präsident _____ einem Diktator entwickelte.

45. Die Länder wirken _____ Bundesrat _____ der Gesetzgebung mit.

46. _____ ihre starke Position können sie großen Einfluß ausüben.

47. _____ meiner pessimistischen Meinung will ich die Lage nicht dramatisieren.

48. _____ diesen Umständen können wir die Waren nicht liefern.

49. Er meldete sich jede Woche _____ Arbeitsamt.

50. _____ günstigem Kurs verkaufen wir die Aktien.

51. Der Bundestag übt die Aufsicht _____ die Exekutive aus.

D. Welche Präpositionen regieren den Genitiv, den Dativ, den Akkusativ, den Dativ oder den Akkusativ?

1. Wie kannst du bei dies_____ Licht arbeiten?

2. Lege die Zigaretten auf _____ Tisch!

3. Er machte das Examen trotz sein_____ Krankheit.

4. Er rauchte wenig; nur nach _____ Essen eine Zigarette.

5. In dies_____ Jahr werden wir nicht mehr reisen.

6. Was bezahlt man dir für dies_____ Arbeit?

7. Warum gehst du nicht in dies_____ Geschäft?

8. Auf dies_____ Stuhl sitzt man sehr unbequem.

9. Die Kommission entschied sich gegen _____ Aufwertung.

10. Ohne _____ Wörterbuch kann ich die Übersetzung nicht machen.

11. Er sitzt zwischen _____ Stühlen.

12. Nach _____ Fusion wurde die Firma saniert.

13. Durch _____ Fusion wurde die Firma saniert.

14. Die Lampe hängt über _____ Tisch.

15. Wir sind über _____ Schweiz geflogen.

E. Setzen Sie die Präpositionen und, wo nötig, die Kasusendung und den Artikel ein:

1. Um _____ Italien _____ Deutschland zu fahren, muß man _____ _____

   Schweiz oder _____ Österreich.

2. Kommen Sie _____ Deutschland?

3. Fahren Sie _____ England?

4. Washington liegt _____ Potomac.

5. Istanbul liegt _____ _____ Türkei.

6. Wir arbeiten _____ fünf Uhr; _____ fünf Uhr haben wir frei.

7. Fahren Sie _____ Ihren Freunden _____ Berlin?

8. Wie ist er _____ dies_____ Situation gekommen?

9. Sie wohnt _____ ihr_____ Eltern.

10. Long Island liegt _____ New York.

11. Telefonieren Sie _____ drei Uhr; danach sind wir nicht mehr zu Hause.

12. Ich habe lange _____ _____ Restaurant gestanden und _____ ihn gewartet.

13. Hänge das Bild _____ _____ Schreibtisch!

14. Warum setzt du dich nicht _____ _____ bequemeren Stuhl?

15. Die Abgeordneten sitzen _____ Parlament.

16. Gehst du _____ dies_____ Wetter spazieren?

17. _____ _____ schlechten Wirtschaftslage gab es eine Regierungskrise.

18. Stelle diese Bücher _____ _____ Schrank.

19. Ich komme _____ zwei und drei Uhr _____ dir.

20. _____ welch_____ Buch hast du diese Daten gefunden?

21. _____ welch_____ Seite?

22. Er fuhr aus _____ Garage _____ _____ Straße.

23. Er fuhr verkehrt _____ ein_____ Einbahnstraße.

F. Bilden Sie möglichst kurz die negative Form der folgenden Sätze:

1. Die Arbeitslosigkeit ist zurückgegangen. – Sie ist nicht zurückgegangen.

2. Ich sehe einen Grund für seine Haltung. – _____

3. Das Unternehmen bekam einen Kredit. – _____

4. Er kann viel Geld verdienen. – _____

5. Der Konzern sollte saniert werden. – _____

6. Ihre Schulden sind bezahlt worden. – _____

7. Die Gesellschaft wird neue Zweigstellen errichten. – _____

_____

8. Der Konsument weiß, was er will. – _____

9. Ein Konsument weiß, was er will. – _____

10. Gibt es hier etwas zu essen? – _____

11. Er hatte viel zu sagen. – _____

12. Er hatte etwas zu sagen. – _____

13. Berufstätige Frauen verdienen ebensoviel wie Männer – _____

_____

14. Die Bundesrepublik hat unterentwickelte Gebiete. – _____

_____

15. Ich weiß etwas über dieses Unternehmen – _____

G. Antworten Sie negativ im Satz, mit Pronomen:

1. Haben Sie mein Buch? – _____

2. Haben Sie ein Buch? – _____

3. Haben Sie Bücher? – _____

4. Haben Sie das Buch? – _____

113

5. Hast du Geld? – _____

6. Kennst du ein Land, in dem es soziale Gerechtigkeit gibt? – _____

_____

7. „Kennst du das Land, wo die Zitronen blühn . . .?" *(Goethe)* – _____

_____

8. Hast du den Schlüssel für das Auto? – _____

9. Hast du einen Schlüssel für die Wohnung? – _____

10. Haben Sie Kinder? – _____

11. Gibt es hier eine Bibliothek? – _____

12. Gibt es hier ein Telefon? – _____

13. Gibt es hier einen Autobus? – _____

14. Sind Sie Frau Meyer? – _____

15. Hast du noch eine Zigarette? – _____

Reference Grammar

Introductory Note

This grammar section is for reference only. It is intended for the student doing homework to refer to grammatical rules covered in class. This is particularly important during the phase of reading comprehension, when progression of receptive skills in grammar and syntax is rapid and requires intensive homework.

Contents

1	**Terms for the Parts of Speech**

1.1 Noun

1.1.1 Nouns designate **persons** or **objects**.

They are written with **capital letters** at the beginning:
Geld (money), *Markt* (market), *Handel* (commerce), *Anlage* (plant), *Wirtschaft* (economy), *Bevölkerung* (population), *Produkt* (product), *Mensch* (man).

1.1.2 There are **three grammatical genders** for the nouns:
masculine, feminine and **neuter**.

1.1.3 There are **three definite articles** for the three genders:
der (masculine), **die** (feminine), **das** (neuter) in the singular
and **die** for all three genders in the plural:

	Singular	*Plural*
m.	**der** Markt	**die** Märkte
f.	**die** Anlage	**die** Anlagen
n.	**das** Produkt	**die** Produkte

1.1.4 Most **plural** forms of nouns have **endings: -e, -(e)n, -er, -(e)s,**
e.g.: *die Anlage – die Anlagen; das Produkt – die Produkte.*

Other nouns have also an **"Umlaut":** $a{\to}ä$, $o{\to}ö$, $u{\to}ü$,
e.g.: *der Markt – die Märkte.*

Some nouns have the **same form** in the **singular** and in the **plural:**
der Artikel – die Artikel.

You will find gender and plural forms in the Word List abbreviated as follows:
r Markt, *̈e*	=	**der** *Markt*, pl. *die* **Märkte**
e Anlage, **-n**	=	**die** *Anlage*, pl. *die* **Anlagen**
s Produkt, **-e**	=	**das** *Produkt*, pl. *die* **Produkte**

1.1.5 **Compound nouns** have the **article of** their **last component:**
der Markt	–	**der** *Arbeits***markt**
die Industrie	–	**die** *Auto***industrie**
das Produkt	–	**das** *Industrie***produkt**

1.2 Verb

Verbs express **action:**
kontrollieren (control), *ernennen* (appoint), *entlassen* (dismiss), *bestehen* (exist), *gelingen* (succeed), *sich ergeben* (result).

1.3 Pronoun

Most pronouns **avoid** the **repetition of nouns** or represent them:
ich (I), *es* (it), *jemand* (somebody), *wer?* (who?), *nichts* (nothing).

Some pronouns **define nouns** more exactly and are placed in front of them like real adjectives (cf. 1.4):
mein Buch (my book)	*dieses Buch* (this book)	*jedes Buch* (each book)
wessen Buch? (whose book?)	*welches Buch?* (which book?)	etc.

There are **seven kinds of pronouns** (cf. 2.4–2.10): **the personal pronoun**
                                                       the indefinite pronoun
                                                       the possessive pronoun
                                                       the demonstrative pronoun
                                                       the relative pronoun
                                                       the interrogative pronoun
                                                       the reflexive pronoun

Adjective   1.4

Adjectives **define the noun by quality or quantity:**

international	– *die internationale Ökonomie* (the international economy)
groß	– *die großen Konzerne* (the big trusts)
gemeinsam	– *die gemeinsame Grenze* (the common frontier)
wenig	– *die wenigen Ausnahmen* (the few exceptions)
viel	– *viele Betriebe* (many companies)

Adverb   1.5

Adverbs **modify the meaning of verbs, adjectives or other adverbs.** They denote –
– **time:** *jetzt* (now), *schon* (already);
– **place:** *hier* (here), *dort* (there);
– **manner:** *besonders* (especially), *nur* (only).

Some adverbs **modify the meaning of a statement:**
   vielleicht (perhaps), *sicherlich* (certainly).

Many adverbs are adjectives or participles **without specific endings** (compare in English:
clever – cleverly). They do not appear in front of nouns, but often precede an adjective:
   Er arbeitet gut. (He works well.)
   ein gut geschriebenes Buch (a well written book)

Preposition   1.6

Prepositions indicate the **relationship between nouns, pronouns** and **other sentence elements:**
   *der Transfer **von** Industrien **aus** den entwickelten Ländern **in** die Entwicklungsländer* (the
   transfer of industries from the developed to the Third World countries)
   *die Arbeit **für** den Konzern* (the work for the trust)
   *die Arbeit **für** ihn* (the work for him)
   *Er arbeitete **bis** heute.* (He worked till today.)

Conjunction   1.7

Conjunctions link words and sentences to each other:
   *Geld **und** Kredit* (money and credit)
   *Export **oder** Import* (export or import)
   ***Wenn** die Marktwirtschaft funktionieren soll, muß Wettbewerb herrschen.*
   (If the free market system is to function, there has to be competition.)
   ***Weder** Geld **noch** Kredit.* (Neither money nor credit.)

2 Declension

2.1 The noun (cf. 1.1)

The declension of the noun is indicated by the **article** and by **endings:**

2.1.1 Masculine

	Singular	Plural
Nominative	**der** Text	**die** Texte
Genitive	**des** Textes	**der** Texte
Dative	**dem** Text	**den** Texten*
Accusative	**den** Text	**die** Texte

Note: Some masculine nouns end in *-en* in all cases except the nominative singular:

	Singular	Plural
Nominative	der Mensch	die Menschen
Genitive	des Menschen	der Menschen
Dative	dem Menschen	den Menschen
Accusative	den Menschen	die Menschen

An exception is:

	Singular	Plural
Nominative	der Herr	die Herren
Genitive	des Herrn	der Herren
Dative	dem Herrn	den Herren
Accusative	den Herrn	die Herren

2.1.2 Feminine

	Singular	Plural
Nominative	**die** Energie	**die** Energien
Genitive	**der** Energie	**der** Energien
Dative	**der** Energie	**den** Energien*
Accusative	**die** Energie	**die** Energien

2.1.3 Neuter

	Singular	Plural
Nominative	**das** Volk	**die** Völker
Genitive	**des** Volkes	**der** Völker
Dative	**dem** Volk	**den** Völkern*
Accusative	**das** Volk	**die** Völker

* All nouns in the dative plural have the ending *-(e)n* added, except those which already end in *-en* or have plurals in *-n*:
r Hafen, -   Dat. pl.: *den Häfen*
r Staat, -en   *den Staaten*
Further exceptions are nouns with plurals in *-s:*
s Autos, -s   Dat. pl.: *den Autos*
r Streik, -s   *den Streiks*

The definite article

der, die, das (the) (cf. 1.1.3 and 2.1)

	Singular			Plural
	m.	*f.*	*n.*	*m., f., n.*
Nominative	der	die	das	die
Genitive	des	der	des	der
Dative	dem	der	dem	den
Accusative	den	die	das	die

The following pronouns have the **same endings** as the definite article:
dieser (this), *jeder* (each, every), *jener* (that), *mancher* (some), *solcher* (such a), *welcher* (which); plural: *alle* (all).

The indefinite article

ein, eine, ein (a, an)

	Singular			Plural
	m.	*f.*	*n.*	*m., f., n.*
Nominative	ein	eine	ein	–
Genitive	eines	einer	eines	–
Dative	einem	einer	einem	–
Accusative	einen	eine	ein	–

The negative form of the indefinite article

kein, keine, kein (no, none)

	Singular			Plural
	m.	*f.*	*n.*	*m., f., n.*
Nominative	kein	keine	kein	keine
Genitive	keines	keiner	keines	keiner
Dative	keinem	keiner	keinem	keinen
Accusative	keinen	keine	kein	keine

Note: a) *ein* and *kein* have the same endings. See also the possessive pronoun (2.6).
   b) With the exception of the singular nominative masculine and neuter and the accusative neuter, *ein* and *kein* have the same endings (i. e. the last letter) as the definite article.
   c) The possessive pronouns *mein, dein, sein,* etc. have the same endings as the indefinite article *ein, eine, ein* and the negative form thereof *kein, keine, kein.*

2.4 The personal pronoun

ich, du/Sie*, er, sie, es,; wir, ihr/Sie*, sie
(I, you, he, she, it; we, you, they)

	Singular					
Nominative	**ich**	**du**	**Sie***	**er**	**sie**	**es**
Genitive	meiner	deiner	Ihrer*	seiner	ihrer	seiner
Dative	mir	dir	Ihnen*	ihm	ihr	ihm
Accusative	mich	dich	Sie*	ihn	sie	es

	Plural			
Nominative	**wir**	**ihr**	**Sie***	**sie**
Genitive	unser	euer	Ihrer*	ihrer
Dative	uns	euch	Ihnen*	ihnen
Accusative	uns	euch	Sie*	sie

* Formal address.

2.5 The indefinite pronoun

jeder, jede, jedes; alle (each, every; all)

	Singular			*Plural*
	m.	*f.*	*n.*	*m., f., n.*
Nominative	jed**er**	jed**e**	jed**es**	all**e**
Genitive	jed**es**	jed**er**	jed**es**	all**er**
Dative	jed**em**	jed**er**	jed**em**	all**en**
Accusative	jed**en**	jed**e**	jed**es**	all**e**

Note: The indefinite pronoun has the same endings as the definite article (cf. 2.2). See also the declension of *dieser, -e, -es, solcher, -e, -es* (2.7).

For the indefinite pronoun *man* cf. 3.9.

2.6 The possessive pronoun

mein, dein/Ihr*, sein, ihr, sein; unser, euer/Ihr*, ihr
(my, your, his, her, its; our, your, their)

	Singular			*Plural*
	m.	*f.*	*n.*	*m., f., n.*
Nominative	**mein** (my)	meine	mein	meine
Genitive	mein**es**	mein**er**	mein**es**	mein**er**
Dative	mein**em**	mein**er**	mein**em**	mein**en**
Accusative	mein**en**	mein**e**	mein	mein**e**
Nominative	**dein/Ihr*** (your)	deine/Ihre*	dein/Ihr*	deine/Ihre*
Genitive	dein**es**/Ihr**es***	dein**er**/Ihr**er***	dein**es**/Ihr**es***	dein**er**/Ihr**er***
Dative	dein**em**/Ihr**em***	dein**er**/Ihr**er***	dein**em**/Ihr**em***	dein**en**/Ihr**en***
Accusative	dein**en**/Ihr**en***	dein**e**/Ihr**e***	dein/Ihr*	dein**e**/Ihr**e***

	Singular			Plural
	m.	f.	n.	m., f., n.
Nominative	**sein** (his)	seine	sein (its)	seine
Genitive	seines	seiner	seines	seiner
Dative	seinem	seiner	seinem	seinen
Accusative	seinen	seine	sein	seine
Nominative	**ihr** (her)	ihre	ihr	ihre
Genitive	ihres	ihrer	ihres	ihrer
Dative	ihrem	ihrer	ihrem	ihren
Accusative	ihren	ihre	ihr	ihre
Nominative	**unser** (our)	uns(e)re	unser	uns(e)re
Genitive	uns(e)res	uns(e)rer	uns(e)res	uns(e)rer
Dative	uns(e)rem	uns(e)rer	uns(e)rem	uns(e)ren
Accusative	uns(e)ren	uns(e)re	unser	uns(e)re
Nominative	**euer/Ihr*** (your)	eure/Ihre*	euer/Ihr*	eure/Ihre*
Genitive	eures/Ihres*	eurer/Ihrer*	eures/Ihres*	eurer/Ihrer*
Dative	eurem/Ihrem*	eurer/Ihrer*	eurem/Ihrem*	euren/Ihren*
Accusative	euren/Ihren*	eure/Ihre*	euer/Ihr*	eure/Ihre*
Nominative	**ihr** (their)	ihre	ihr	ihre
Genitive	ihres	ihrer	ihres	ihrer
Dative	ihrem	ihrer	ihrem	ihren
Accusative	ihren	ihre	ihr	ihre

* Formal address.

The demonstrative pronoun

2.7

dieser, diese, dieses; diese (this)
jener, jene, jenes; jene (that)
solcher, solche, solches; solche (such a)

	Singular			Plural
	m.	f.	n.	m., f., n.
Nominative	dieser	diese	dieses (dies)	diese
Genitive	dieses	dieser	dieses	dieser
Dative	diesem	dieser	diesem	diesen
Accusative	diesen	diese	dieses (dies)	diese

The endings of *jener* and *solcher* are identical to those of *dieser*.

Note: In German, the definite article **das** is frequently used instead of *dieser* or *jener*:
Das [= dies(es)] ist die Situation in den USA. (This is the situation in the USA.)

If the neutral demonstrative pronoun is the subject of a sentence, it is used in the singular form:
Dies(es) (Das) ist eine neue Aufgabe. (This is a new task.)
*Dies(es) (Das) **sind** viele neue Aufgaben.* (**These are** many new tasks.)

2.8 The relative pronoun

der, die, das; die (who, which)
welcher, welche, welches; welche (who, which)

The forms of the relative pronoun are identical to those of the definite article *der, die das* (cf. 2.1, 2.2) with the exception of the genitive forms and the dative plural.

	Singular			Plural
	m.	*f.*	*n.*	*m., f., n.*
Nominative	..., der (who, which)	..., die	..., das	..., die
Genitive	des**sen**	de**ren**	des**sen**	de**ren**
Dative	dem	der	dem	de**nen**
Accusative	den	die	das	die

In written language, the relative pronouns *welcher, welche, welches* occur occasionally in place of *der, die, das*. For the declension of *welcher, welche, welches* see the interrogative pronoun (2.9).

The relative pronoun introduces a relative clause and refers to a preceding noun in gender, number and case. It is always preceded by a comma:

*Der Konzern, **der** in Übersee Betriebe errichtete, war G. E.*
(The trust which built plants abroad was G. E.)
*Der Konzern, **dessen** Betriebe in Übersee errichtet wurden, war G. E.*
(The trust whose plants were built abroad was G. E.)

2.9 The interrogative pronoun

wer? (who?)
was? (what?)
welcher?, welche?, welches? (which)

2.9.1

Nominative	**wer?**	(who?)	**was?**	(what?)
Genitive	**wessen?**	(whose?)		
Dative	**wem?**	(to whom?)		
Accusative	**wen?**	(whom?)	**was?**	(what?)

2.9.2

	Singular			Plural	
	m.	*f.*	*n.*	*m., f., n.*	
Nominative	welcher?	welche?	welches?	welche?	(which?)
Genitive	welches?	welcher?	welches?	welcher?	
Dative	welchem?	welcher?	welchem?	welchen?	
Accusative	welchen?	welche?	welches?	welche?	

2.9.3

Was für ein (eine, ein)? (what a?, what sort of?)
Was für ein Unternehmen ist das?
(What sort of company is this?)

The reflexive pronoun

The reflexive pronoun **sich** can be used

- with **reflexive verbs** (cf. 3.8), which – in English – often are not reflexive (*sich freuen* – to enjoy, to be pleased);
- for **each other** (*sich einander/gegenseitig helfen* – to help each other);
- with the verb **lassen** (cf. 3.11), in English corresponding to a passive construction (*Die Firma läßt sich ein Konto einrichten.* – An account is being opened in the name of the company);
- for **himself, herself,** etc., often with *selbst. (Er ernannte sich selbst.* – He appointed himself.).

With **reflexive verbs** (cf. 3.8), the pronoun refers to the grammatical subject of the sentence. Only the 3rd person (*er, sie, es;* plural *sie*) and the formal address *(Sie)* have the special form **sich.** With other persons, the reflexive pronoun is the same as the dative/accusative of the personal pronoun (cf. 2.4):

Pers. Pron.	*Refl. Pron.*	
	Dat.	*Acc.*
ich	**mir**	**mich**
du/Sie*	**dir/sich***	**dich/sich***
er, sie, es	**sich**	**sich**

Pers. Pron.	*Refl. Pron.* *Dat. + Acc.*
wir	**uns**
ihr/Sie*	**euch/sich***
sie	**sich**

———————

* Formal address.

3   ## Verbs

The **basic form** of verbs is the **infinitive.** It mostly has the ending **-en** (*arbeiten* – to work, *schreiben* – to write), sometimes **-n** (*tun* – to do, *handeln* – to act).

Regular verbs appear with different endings in their various forms and tenses. Their stems remain unchanged.

Irregular verbs show changes in their stems (cf. 3.2).

3.1   ## Regular verbs

3.1.1   **Principal forms**

Present infinitive	**Past (3rd person singular)**	**Past participle**
zeigen (to show)	**zeigte** (showed)	**gezeigt** (shown)

Perfect infinitive
gezeigt haben (to have shown)   **gereist sein** (to have travelled)

Imperative		
zeige! (show)	**zeigt!** (show pl.)	**zeigen Sie!*** (show sg./pl.)

Present participle	**Past participle**
zeigend (showing)	**gezeigt** (shown)

3.1.2   **Indicative forms**

3.1.2.1   **Present tense**

		Singular		*Plural*
1st pers.	ich	zeig**e** (I show)	wir	zeig**en**
2nd pers.	du Sie	zeig**st** zeig**en***	ihr Sie	zeig**t** zeig**en***
3rd pers.	er sie es	zeig**t**	sie	zeig**en**

3.1.2.2   **Past tense**

		Singular		*Plural*
1st pers.	ich	zeig**te** (I showed)	wir	zeig**ten**
2nd pers.	du Sie	zeig**test** zeig**ten***	ihr Sie	zeig**tet** zeig**ten***
3rd pers.	er sie es	zeig**te**	sie	zeig**ten**

---

  * Formal address.
 ** For the auxiliary verbs cf. 3.7.

Present perfect

	Singular				Plural		
1st pers.	ich	**habe****		(I have shown)	wir	**haben**	
2nd pers.	du Sie	**hast** **haben***	**ge**zeigt		ihr Sie	**habt** **haben***	**ge**zeigt
3rd pers.	er sie es	**hat**			sie	**haben**	

	Singular				Plural		
1st pers.	ich	**bin****		(I have travelled)	wir	**sind**	
2nd pers.	du Sie	**bist** **sind***	**ge**reist		ihr Sie	**seid** **sind***	**ge**reist
3rd pers.	er sie es	**ist**			sie	**sind**	

Note: Often, the combination with the auxiliary *sein* does not describe the perfect tense but a condition:
*Die Marktwirtschaft **ist** durch Konkurrenz **gekennzeichnet.***
(Competition is typical for the free-market economy.)
*Die Angestellten **sind** im Aufsichtsrat **vertreten.***
(The employees are represented on the board of supervisors.)

Past perfect

	Singular				Plural		
1st pers.	ich	**hatte****		(I had shown)	wir	**hatten**	
2nd pers.	du Sie	**hattest** **hatten***	**ge**zeigt		ihr Sie	**hattet** **hatten***	**ge**zeigt
3rd pers.	er sie es	**hatte**			sie	**hatten**	

	Singular				Plural		
1st pers.	ich	**war****		(I had travelled)	wir	**waren**	
2nd pers.	du Sie	**warst** **waren***	**ge**reist		ihr Sie	**wart** **waren***	**ge**reist
3rd pers.	er sie es	**war**			sie	**waren**	

3.1.2.5 Future

		Singular			Plural		
1st pers.	ich	werde**	(I will show)		wir	werden	
2nd pers.	du	wirst	zeigen		ihr	werdet	zeigen
	Sie	werden*			Sie	werden*	
3rd pers.	er sie es	wird			sie	werden	

3.1.2.6 Future perfect

		Singular			Plural		
1st pers.	ich	werde**	(I will have shown)		wir	werden	
2nd pers.	du	wirst	gezeigt haben		ihr	werdet	gezeigt haben
	Sie	werden*			Sie	werden*	
3rd pers.	er sie es	wird			sie	werden	

		Singular			Plural		
1st pers.	ich	werde**	(I will have travelled)		wir	werden	
2nd pers.	du	wirst	gereist sein		ihr	werdet	gereist sein
	Sie	werden*			Sie	werden*	
3rd pers.	er sie es	wird			sie	werden	

3.1.3 Subjunctive forms

In the **Subjunctive I** of the regular verbs, usually only the **2nd** and **3rd person singular** of the **present** tense differ from the indicative form:

Indicative:	du	zeigst
	er sie es	zeigt

Subjunctive I:	du	zeigest
	er sie es	zeige

---

* Formal address.
** For the auxiliary Verbs cf. 3.7.

Where no special Subjunctive forms exist, the **Subjunctive II** is made up of the **Subjunctive II of "werden"** (cf. 3.7. ff): + **the infinitive of the main verb:**

		Subjunctive form = past tense indicative		*Subjunctive II of "werden" + infinitive of the main verb*	
Singular	ich du Sie	zeig**te** zeig**test** zeig**ten***	ich du Sie	**würde** **würdest** **würden***	
	er sie es	zeig**te**	er sie es	**würde**	**zeigen**
Plural	wir ihr Sie sie	zeig**ten** zeig**tet** zeig**ten*** zeig**ten**	wir ihr Sie sie	**würden** **würdet** **würden*** **würden**	

Note: The **Subjunctive** mainly appears in
  – **contrary-to-fact conditional clauses** with or without *wenn:*
    *Wenn es keine Pipelines **gäbe, wäre** der Transport teurer.*
    ***Gäbe** es keine Pipelines, (so) **wäre** der Transport teurer.*
    (If there were no pipelines, transport would be more expensive.)
  – **suggestions:**
    Man könnte darüber diskutieren.
    (The matter could be discussed.)
  – **assumptions:**
    Es könnte geschehen, daß kleinere Unternehmen schließen müssen.
    (It could happen that smaller companies would have to close down.)
  – **reported speech.** The tense of the reported speech is not dependent on the tense of the introductory verb:
    Die Zeitung schrieb/schreibt/hat geschrieben, die Wechselkurse seien gestiegen/würden steigen/wären gestiegen.
    (The newspaper stated that exchange rates were rising/had risen.)

Passive Voice

The **passive voice** consists of the auxiliary verb **werden** (cf. 3.7) + **the past participle of the main verb** (cf. 3.1.1).

Present tense

	Singular				*Plural*		
1st pers.	ich	**werde**		(I am paid)	wir	**werden**	
2nd pers.	du Sie	**wirst** **werden***	**bezahlt**		ihr Sie	**werdet** **werden***	**bezahlt**
3rd pers.	er sie es	**wird**			sie	**werden**	

3.1.4.2 **Past tense**

		Singular			*Plural*	
1st pers.	ich	**wurde**	(I was paid)	wir	**wurden**	
2nd pers.	du Sie	**wurdest** **wurden***	**bezahlt**	ihr Sie	**wurdet** **wurden***	**bezahlt**
3rd pers.	er sie es	**wurde**		sie	**wurden**	

3.1.4.3 **Present perfect**

		Singular			*Plural*	
1st pers.	ich	**bin**	(I have been paid)	wir	**sind**	
2nd pers.	du Sie	**bist** **sind***	**bezahlt worden****	ihr Sie	**seid** **sind***	**bezahlt worden****
3rd pers.	er sie es	**ist**		sie	**sind**	

3.1.4.4 **Past perfect**

		Singular			*Plural*	
1st pers.	ich	**war**	(I had been paid)	wir	**waren**	
2nd pers.	du Sie	**warst** **waren***	**bezahlt worden****	ihr Sie	**wart** **waren***	**bezahlt worden****
3rd pers.	er sie es	**war**		sie	**waren**	

3.1.4.5 **Future**

		Singular			*Plural*	
1st pers.	ich	**werde**	(I will be paid)	wir	**werden**	
2nd pers.	du Sie	**wirst** **werden***	**bezahlt werden*****	ihr Sie	**werdet** **werden***	**bezahlt werden*****
3rd pers.	er sie es	**wird**		sie	**werden**	

---

* Formal address.

** For the passive voice, the past participle of *werden (geworden)* is used in the form of *worden*.

*** The auxiliary verb *werden* appears twice: as the auxiliary for the future tense *(ich werde...)* and as auxiliary for the passive voice *(bezahlt werden)*.

Note: The passive voice in German denotes an occurrence or a process:
Das Unternehmen wird vergrößert. (The company is being expanded.)
Das Unternehmen wurde vergrößert. (...was being expanded.)
Das Unternehmen wird vergrößert werden. (...will be expanded.)
– whereas the verb *sein* + past participle denotes a final condition (cf. Note 3.1.2.3):
Das Unternehmen ist (war) jetzt vergrößert. (The company is (was) now expanded).

Irregular verbs   3.2

Irregular verbs **change** the **vowel of the verb stem.**

Principal forms   3.2.1

Present infinitive	3rd pers. present	3rd pers. past	Past participle
finden (to find)	er, sie, es **findet** (finds)	er, sie, es **fand** (found)	**gefunden** (found)
geben (to give)	er, sie, es **gibt** (gives)	er, sie, es **gab** (gave)	**gegeben** (given)
halten (to hold)	er, sie, es **hält** (holds)	er, sie, es **hielt** (held)	**gehalten** (held)
stehen (to stand)	er, sie, es **steht** (stands)	er, sie, es **stand** (stood)	**gestanden** (stood)
nehmen (to take)	er, sie, es **nimmt** (takes)	er, sie, es **nahm** (took)	**genommen** (taken)
gehen (to go)	er, sie, es **geht** (goes)	er, sie, es **ging** (went)	**gegangen** (gone)

Perfect infinitive
gefunden haben (to have found)   **gegangen sein** (to have gone)

Imperative
gib! (give sg.)   **gebt!** (give pl.)   **geben Sie!*** (give sg. + pl.)

Present participle   **Past participle**
gebend (giving)   **gegeben** (given)

Indicative forms   3.2.2

Present tense   3.2.2.1

	Singular		*Plural*	
1st pers.	ich	halt**e** (I hold)	wir	halt**en**
2nd pers.	du / Sie	hält**st** / halt**en***	ihr / Sie	halt**et** / halt**en***
3rd pers.	er sie es	hält	sie	halt**en**

	Singular		Plural	
1st pers.	ich	gehe (I go)	wir	gehen
2nd pers.	du Sie	gehst gehen*	ihr Sie	geht gehen*
3rd pers.	er sie es	geht	sie	gehen

The endings are the same as those for the present tense of regular verbs (cf. 3.1.2.1).

3.2.2.2   Past tense

	Singular		Plural	
1st pers.	ich	hielt (I held)	wir	hielten
2nd pers.	du Sie	hieltest hielten*	ihr Sie	hieltet hielten*
3rd pers.	er sie es	hielt	sie	hielten

	Singular		Plural	
1st pers.	ich	ging (I went)	wir	gingen
2nd pers.	du Sie	gingst gingen*	ihr Sie	gingt gingen*
3rd pers.	er sie es	ging	sie	gingen

3.2.2.3   Present perfect

	Singular
1st pers.	ich **habe** ge**halten** (I have held) ich **bin** **ge**gangen (I have gone) (etc., cf. 3.1.2.3)

3.2.2.4   Past perfect

	Singular
1st pers.	ich **hatte** ge**halten** (I had held) ich **war** **ge**gangen (I had gone) (etc., cf. 3.1.2.4)

3.2.2.5   Future

	Singular
1st pers.	ich **werde halten** (I will hold) ich **werde gehen** (I will go) (etc., cf. 3.1.2.5)

Future perfect

	Singular
1st pers.	ich **werde ge**halten **haben** (I will have held) ich **werde ge**gangen **sein** (I will have gone) (etc., cf. 3.1.2.6)

Subjunctive forms

In the **Subjunctive** I of the irregular verbs, usually only the **2nd** and **3rd person singular** of the **present** tense – and in the case of *nehmen* the 2nd person plural – differ from the indicative form (cf. 3.1.3):

Indicative:

du	hältst
er sie es	hält

Subjunctive I:

du	haltest
er sie es	halte

du	nimmst
er sie es	nimmt
ihr	nehmt

du	nehmest
er sie es	nehme
ihr	nehmet

Past tense

Irregular verbs with the vowels *a, o, u* in the past tense indicative have the umlaute **ä, ö, ü** in the **Subjunctive II:**

	Indicative		Subjunctive II	
Singular	ich du Sie	nahm nahmst nahmen*	ich du Sie	nähme nähmest nähmen*
	er sie es	nahm	er sie es	nähmen
Plural	wir ihr Sie sie	nahmen nahmt nahmen* nahmen	wir ihr Sie sie	nähmen nähmet nähmen* nähmen

* Formal address.

Irregular verbs without umlaut:

	Indicative		Subjunctive II	
Singular	ich du Sie	blieb bliebst blieben*	ich du Sie	bliebe bliebest blieben*
	er sie es	blieb	er sie es	blieb
Plural	wir ihr Sie sie	blieben bliebt blieben* blieben	wir ihr Sie sie	blieben bliebet blieben* blieben

Note: The 1st and 3rd person plural and the formal address are the same in the indicative and subjunctive forms. In these cases the **Subjunctive II** is made up of the **subjunctive II of "werden" + the infinitive of the main verb** (cf. 3.1.3):

wir Sie* sie	**würden bleiben**	instead of:	wir Sie* sie	blieben

3.3   Verbs with separable prefixes

Many German verbs have separable prefixes which change the meaning of the basic verb. These prefixes are **separated from the main verb** in the **present** and **past tenses** and appear **at the end of the main clause.**

They are usually prepositions or adverbs:

mitteilen = mit   **+ teilen**
(inform)   (with)   (to share)
        preposition   verb

Present tense: _Wir **teilen** Ihnen die neuen Preise **mit.**_
                 (We inform you of our new prices.)

Past tense: _Wir **teilten** Ihnen die neuen Preise **mit.**_
                 (We informed you of our new prices.)

Past participle: mit_ge_teilt
                 The prefix _ge-_ in the past participle appears between the prefix _(mit)_ and the basic verb _(teilen)._
                 Compound past tenses and the passive voice therefore read as follows:

Present perfect: _ich habe mitgeteilt_

Past perfect: _ich hatte mitgeteilt_

Passive voice

Present tense: _Die Preise **werden** Ihnen **mitgeteilt.**_
                 (You are informed of our prices.)

Past tense: _Die Preise **wurden** Ihnen **mitgeteilt.**_
                 (You were informed of our prices.)

The preposition **zu** in connection with an infinitive form (cf. 3.10) appears **between** the **prefix and** the **basic verb:**

vornehmen (to deal with)
Die Post ist in der Lage, täglich 4 Millionen Buchungen vorzunehmen.
(The postal service is prepared to deal with 4 million entries per day.)
mitteilen (to inform)
Wir haben Ihnen nichts mitzuteilen.
(There is nothing of which to inform you.)

Verbs with non-separable prefixes 3.4

Similar to separable prefixes, non-separable prefixes change the meaning of the basic verb. In these verbs, the prefixes remain always connected with the verb.

The most common non-separable prefixes are: **be-, ent-, er-, ge-, ver-.**

verhandeln (negotiate):

Present tense: *Wir **verhandeln** über neue Lieferungen.*
(We are negotiating new supplies.)

Past tense: *Wir **verhandelten** über neue Lieferungen.*
(We were negotiating new supplies.)

Past participle: *Wir haben über neue Lieferungen **verhandelt**.*
(We have negotiated new supplies.)

The prefix **ge-** of the past participle does **not** appear **in verbs with non-separable prefixes.**

Compound past tenses and the **passive voice** read **accordingly.**

Verbs with the ending "-ieren" 3.5

Verbs of foreign origin with the ending *-ieren (transferieren, exportieren, notieren, nationalisieren* etc.) have **no prefix ge- in the past participle:**
Wir haben die Waren transportiert. (We have transported the goods.)
Der Suez-Kanal wurde verstaatlicht. (The Suez Canal was nationalized.)

Modal auxiliaries 3.6

The modal auxiliaries appear either **together with a second** (the main) **verb or as a main verb alone,** the second verb being implicit:
*Ich **kann arbeiten**.* (I can work.)
***Kannst** du **arbeiten?** – Nein, ich **kann** nicht.* (Can you work? – No, I cannot.)

The German auxiliaries – unlike the English – can also appear in the **infinitive form:**
*Er wird arbeiten **können**.* (He will be able to work.)

They can also appear – unlike the English auxiliaries – in the form of a **past participle:**
Konnten sie produzieren? (Were they able to produce?)
*Nein, sie haben es nicht **gekonnt**.* (No they have not been able to do so.)

If the auxiliaries appear **together with another (main) verb,** the past participle in the **present perfect** and **past perfect** appear **as infinitive:**

dürfen (instead of *gedurft*)	**müssen** (instead of *gemußt*)
können (instead of *gekonnt*)	**sollen** (instead of *gesollt*)
mögen (instead of *gemocht*)	**wollen** (instead of *gewollt*)

Der Konzern hat(te) Erdöl einführen wollen.
(The company has (had) intended to import crude oil.)

In these cases the **infinitive of the modal auxiliary** appears **at the end of the main clause.**

In all other tenses, the **infinitive of the main verb** appears **at the end of the main clause:**

Der Konzern wollte große Mengen Erdöl **einführen.**
(The company intended to import large quantities of crude oil.)

3.6.1 Indicative forms

Infinitive	Present tense		Past tense		Past participle	
dürfen	ich/er	**darf**	ich/er	**durfte**	**gedurft**	dürfen (cf. 3.6)
können		**kann**		**konnte**	**gekonnt**	können
mögen		**mag**		**mochte**	**gemocht**	mögen
müssen		**muß**		**mußte**	**gemußt**	müssen
sollen		**soll**		**sollte**	**gesollt**	sollen
wollen		**will**		**wollte**	**gewollt**	wollen

3.6.2 Subjunctive forms

Subjunctive I		Subjunctive II	
ich	**dürfe**	ich	**dürfte**
	könne		**könnte**
	möge		**möchte**
	müsse		**müßte**
	solle		**sollte**
	wolle		**wollte** (cf. 3.1.3)

3.6.3 Meaning of the modal auxiliaries

dürfen: may, to be allowed to; negation: may not, must not
              es dürfte (3rd pers. sing.) in assumptions and conjectures: *Die Behauptung dürfte korrekt sein.* (This assertion is probably correct.)

können: can, to be able to, to be possible to

müssen: must, to have to, to be necessary to, to be obliged to, to need to

mögen: may, would, should like to, to want to

sollen: shall, ought to, to be to, to be said to (allegedly)

wollen: to want to, to be going to, to intend to

The auxiliaries "haben", "sein", "werden"

The main function of the auxiliaries **haben** and **sein** is their part in the **compound tenses** of the verb, (cf. 3.1.2.3, 3.1.2.4, 3.1.2.6), although they also appear as **full verbs.**

The auxiliary **werden** is part of the **future tense** (cf. 3.1.2.5, 3.1.2.6) and of the **passive voice** form (cf. 3.1.4 ff.). As a **full verb** *werden* means "to become":

Das Leben wird immer teurer.
(Life is becoming more and more expensive.)
Die Pipelines wurden zu einer Konkurrenz der Binnenschiffahrt.
(The pipelines began competing with the inland shipping.)

Principal forms

Present infinitive	**haben** (to have)	**sein** (to be)	**werden**
Past (3rd pers. sg.)	**hatte** (had)	**war** (was)	**wurde**
Past participle	**gehabt** (had)	**gewesen** (been)	**geworden**
Perfect infinitive	**gehabt haben** (have had)	**gewesen sein** (having been)	**geworden sein**
Present participle	**habend** (having)	**seiend** (being)	**werdend**
Imperative	**habe!** (have) **habt!** **haben Sie!***	**sei!** (be) **seid!** **seien Sie!***	**werde!** **werdet!** **werden Sie!***

Indicative forms

Present tense

Singular	*1st pers.*	ich	habe (I have)	**bin** (I am)	werde
	2nd pers.	du Sie	hast haben*	**bist** **sind***	**wirst** **werden***
	3rd pers.	er sie es	hat	**ist**	wird
Plural	*1st pers.*	wir	haben	**sind**	werden
	2nd pers.	ihr Sie	habt haben*	**seid** **sind***	werdet werden*
	3rd pers.	sie	haben	**sind**	werden

* Formal address.

135

3.7.2.2   **Past tense**

Singular	1st pers.	ich	hatte (I had)	**war** (I was)	wurde
	2nd pers.	du Sie	hat**test** hat**ten***	warst waren*	wurdest wurden*
	3rd pers.	er sie es	hat**te**	**war**	wurde
Plural	1st pers.	wir	hat**ten**	waren	wurden
	2nd pers.	ihr Sie	hat**tet** hat**ten***	wart waren*	wurdet wurden*
	3rd pers.	sie	hat**ten**	waren	wurden

3.7.2.3   **Present perfect**

Singular	1st pers.	ich	**habe** (I have had)		**bin** (I have been)		**bin**	
	2nd pers.	du Sie	hast haben*		bist sind*		bist sind*	
	3rd pers.	er sie es	hat	**gehabt**	ist	**gewesen**	ist	**gewor- den**
Plural	1st pers.	wir	haben		sind		sind	
	2nd pers.	ihr Sie	habt haben*		seid sind*		seid sind*	
	3rd pers.	sie	haben		sind		sind	

3.7.2.4   **Past perfect**

Singular	1st pers.	ich	**hatte** (I had had)		**war** (I had been)		**war**	
	2nd pers.	du Sie	hattest hatten*		warst waren*		warst waren*	
	3rd pers.	er sie es	hatte	**gehabt**	war	**gewesen**	war	**gewor- den**
Plural	1st pers.	wir	hatten		waren		waren	
	2nd pers.	ihr Sie	hattet hatten*		wart waren*		wart waren*	
	3rd pers.	sie	hatten		waren		waren	

Future

Singular	1st pers.	ich **werde**	**haben** (I will have)	**sein** (I will be)	**werden****

Future perfect

Singular	1st pers.	ich **werde**	**gehabt haben** (I will have had)	**gewesen sein** (I will have been)	**geworden sein****

(etc., cf. 3.1.2.6)

** **werden** as an auxiliary + **infinitive** = **future tense** (cf. 3.1.2.5):
Wir werden Wein exportieren. (We will export wine.)

werden as an auxiliary + **past participle** = **passive voice** (cf. 3.1.4 ff.):
Die Preise werden erhöht. (Prices are being raised.)

For the **subjunctive** form **würde** cf. 3.1.3.

werden as a **full verb** meaning "to become" (cf. 3.7):
Die Situation wird kritisch. (The situation is becoming critical.)
Die Situation ist kritisch geworden. (The situation has become critical.)

Subjunctive forms

Present tense (Subjunctive I)

Singular	1st pers.	ich	habe	sei	werde
	2nd pers.	du Sie	hab**est** hab**en***	sei**(e)st** sei**en***	werd**est** werd**en***
	3rd pers.	er sie es	habe	sei	werde
Plural	1st pers.	wir	hab**en**	sei**en**	werd**en**
	2nd pers.	ihr Sie	hab**et** hab**en***	sei**et** sei**en***	werd**et** werd**en***
	3rd pers.	sie	hab**en**	sei**en**	werd**en**

Past tense (Subjunctive II)

Singular	1st pers.	ich	**hätte**	**wäre**	**würde****
	2nd pers.	du Sie	**hättest** **hätten***	**wär(e)st** **wären***	**würdest** **würden***
	3rd pers.	er sie es	**hätte**	**wäre**	**würde**
Plural	1st pers.	wir	**hätten**	**wären**	**würden**
	2nd pers.	ihr Sie	**hättet** **hätten***	**wär(e)t** **wären***	**würdet** **würden***
	3rd pers.	sie	**hätten**	**wären**	**würden**

* Formal address. – ** For subjunctive II of *werden* + main verb cf. 3.1.3.

3.7.4   "haben" + "zu" + infinitive

*Die Kommission **hat** die Preise **zu kontrollieren.***
(The commission has to control the prices.)

3.7.5   "sein" + "zu" + infinitive

*Das Problem **war** nicht leicht **zu lösen.***
(The problem was not easy to solve.)

3.8   ## Reflexive verbs

(cf. 2.10 The reflexive pronoun)

Infinitive: sich interessieren (für) (to be interested in)
           sich (etwas) denken   (to guess something)

3.8.1   **Present tense**

Singular	*1st pers.*	**ich**	interessiere	**mich**		denke	**mir**	
	2nd pers.	**du**	interessierst	**dich**		denkst	**dir**	
		Sie	interessieren	**sich***		denken	**sich***	
	3rd pers.	**er** **sie** **es**	interessiert	**sich**	(für)	denkt	**sich**	(etwas)
Plural	*1st pers.*	**wir**	interessieren	**uns**		denken	**uns**	
	2nd pers.	**ihr**	interessiert	**euch**		denkt	**euch**	
		Sie	interessieren	**sich***		denken	**sich***	
	3rd pers.	**sie**	interessieren	**sich**		denken	**sich**	

3.8.2   **Present perfect**

Singular	*1st pers.*	**ich**	habe	**mich**			**mir**		
	2nd pers.	**du**	hast	**dich**			**dir**		
		Sie	haben	**sich***			**sich***		
	3rd pers.	**er** **sie** **es**	hat	**sich**	(für...)	interessiert	**sich**	(etwas)	gedacht
Plural	*1st pers.*	**wir**	haben	**uns**			**uns**		
	2nd pers.	**ihr**	habt	**euch**			**euch**		
		Sie	haben	**sich***			**sich***		
	3rd pers.	**sie**	haben	**sich**			**sich**		

Note: Reflexive verbs use *haben* in forming the present or past perfect.

_____

* Formal address.

The indefinite pronoun "man" + verb   3.9

(one; often also we, you, they)

man is always **nominative** and the **subject** of a clause.
It often corresponds to the meaning of the **passive voice:**

Man befördert Rohöl durch Rohrleitungen or: *Rohöl wird durch Rohrleitungen befördert.*
(We transport crude oil by pipelines. Crude oil is transported by pipelines.)

The infinitive   3.10

The infinitive without "zu"   3.10.1

The **plain infinitive** + **"werden"** is used to form the **future tense** (cf. 3.1.2.5).

It is also used **in connection with "lassen"** (cf. 3.11), with **modal auxiliaries** (cf. 3.6) and with verbs like **sehen, hören, fühlen, helfen.**

The infinitive with "zu"   3.10.2

In all cases not mentioned in 3.10.1, the infinitive is used with *zu:*
   *Der Produzent verfolgt das Ziel, möglichst teuer **zu verkaufen.***
   (The producer tries to sell at the highest possible price.)
   *Die Preise scheinen nicht gestiegen **zu sein.***
   (Prices do not seem to have risen.)
   *Es ist nicht zu spät, einen Kredit **aufzunehmen.***
   (It is not to late to take out a loan.)

"lassen"   3.11

lassen corresponds to a number of English expressions:

Something is going to be done by a third party: 3.11.1

Wir *lassen* ein Produkt *entwickeln.*
(We have *a product* developed.)

Ich *lasse* mir einen Anzug *machen.*
(I am having *a suit* made.)

Wir *lassen uns* von der Bank *beraten.*   3.11.2
(We are being advised *by the bank.)*

Wir *lassen* unseren Kunden freie Wahl.   3.11.3
(We leave *our clients free to choose.)*

Ihre Frage *läßt sich (nicht)* ohne weiteres *beantworten.*   3.11.4
(Your question can(not) be answered *without further information.)*

Die Börsenkurse *lassen* eine steigende Tendenz *erkennen.*   3.11.5
(Exchange rates show *an upward trend.)*

Es läßt sich beweisen, daß falsch kalkuliert wurde.   3.11.6
(It can be *proved that the calculations were wrong.)*

3.12 The impersonal pronoun "es" + verb

es gibt (there is/are):
Es gibt mehrere IBM-Niederlassungen in Europa.
(There are several IBM branches in Europe.)

es kann (there can/may be):
Es kann sein, daß eine neue Rezession kommt. _Es klingelt_
(There may be another recession coming.) (Somebody is ringing the bell.)

"es" + verb referring to meteorological phenomena:
es regnet/schneit/friert. (It is raining/ snowing/freezing.)

Impersonal passive (cf. 3.1.4)

In some passive sentences, no definite subject is present, i.e. the corresponding active sentence has no object in the accusative. In these cases the passive verb is in the 3rd person singular, and a dummy subject **es** can begin the sentence:
Es wurde nicht von einem Kredit gesprochen.
(A credit was not mentioned.)

If _es_ does not begin the sentence, it is deleted:
Von einem Kredit wurde nicht gesprochen.
(There was no mention of a credit.)

3.13 Negation

nicht

The negation **"nicht" refers to the verb.** There is **no equivalent to the** English **"do"-form:**
er zeigt (he shows)   _er zeigt nicht_ (he does not show) (cf. 7.1.3)
wir **halten** (we keep)   _wir **halten nicht**_ (we do not keep)

Wir können Ihnen den Preis **nicht nennen.**
(We cannot quote you the price.)

Wir können diesen Preis **nicht akzeptieren.**
(We cannot accept this price.)

kein (cf. 2.3.1)

"kein" is the **negation of the noun;** it appears in front of the noun:
Die Firma hat **keine Filialen.**
(The company has no branch offices.)

Wir können Ihnen **keinen Preis** nennen.
(We cannot quote you any price.)

3.14 Question

It is irrelevant to the verb form whether the sentence is a question or not.
There is **no equivalent to the "do"-form** in English:
er zeigt (he shows)   _**zeigt er?**_ (does he show?)
wir halten (we keep)   _**halten wir?**_ (do we keep?)

English verb forms which do not exist in German

In German there is **no progressive form:**

he **is showing**	er zeigt
he **was keeping**	er hielt

There is **no "do"-form in German** (cf. 3.13, 3.14).

Adjectives

Endings

An adjective takes **no ending** when it is **used as part of the verbal group** with **sein, bleiben, werden:**

Die Waren *sind teuer.* (The goods are expensive.)
*Die Preise **waren hoch.*** (Prices were high.)

An adjective takes **no ending** when it is **used as an adverb** (cf. 1.5):

*Die Organisation arbeitet **perfekt.***
(The organisation works perfect**ly**.)

When **preceding a noun** which it modifies, the adjective takes an **ending** (cf. 4.1.5, 4.1.6):

der hohe Preis (Nom.)	*den hohen Preis* (Acc.)
(the high price)	(the high price)
eine perfekte Organisation	*ein guter Preis*
(a perfect organisation)	(a good price)

If **two adjectives precede a noun, the first** of which has an **adverbial function** with respect to the second, the first has no ending:

*eine **perfekt funktionierende** Organisation*
(a perfectly functioning organisation)

If **both adjectives are attributes** to the noun, **both** have **the same endings:**

eine perfekte, (und) *funktionierende Organisation*
(a perfect (and) functioning organisation)

Present and **past participles** are frequently **used as adjectival attributes** and take **adjectival endings:**

*eine funktionier**ende** Organisation (funktionierend* = present participle)
(a functioning organisation)

*der ge**schriebene** Text (geschrieben* = past participle)
(the written text)

Adjectives and **participles** are frequently **used as nouns** (with the noun they really modify being implied); they take **adjectival endings:**

der Angestellte (the employee)	= *der angestellte Mann (angestellt)*
der Reisende (the traveller)	= *der reisende Mann (reisend)*
ein Angestellter	= *ein angestellter Mann*
ein Reisender	= *ein reisender Mann*
der Deutsche masc. (the German)	= *der deutsche Mann (deutsch)*
die Deutsche fem. (the German)	= *die deutsche Frau*
ein Deutscher masc. (a German)	= *ein deutscher Mann*
eine Deutsche fem. (a German)	= *eine deutsche Frau*

4.1.5   **Adjective endings** are added **to all forms of the adjective** – basic form, comparative and superlative – if these are **used as attributes.**
As adverbs they take **no ending** (cf. 4.2).

4.1.6   If **adjectives** are **preceded by a definite article** *(der, die, das)*, they take the following endings:

		masculine			feminine			neuter		
Sg.	N.	**der**	neue	Vertrag	**die**	neue	Fabrik	**das**	neue	Buch
		(the new contract)			(the new factory)			(the new book)		
	G.	**des**	neuen	Vertrages	**der**	neuen	Fabrik	**des**	neuen	Buches
	D.	**dem**	neuen	Vertrag	**der**	neuen	Fabrik	**dem**	neuen	Buch
	A.	**den**	neuen	Vertrag	**die**	neue	Fabrik	**das**	neue	Buch
Pl.	N.	**die**	neuen	Verträge	**die**	neuen	Fabriken	**die**	neuen	Bücher
	G.	**der**	neuen	Verträge	**der**	neuen	Fabriken	**der**	neuen	Bücher
	D.	**den**	neuen	Verträgen	**den**	neuen	Fabriken	**den**	neuen	Büchern
	A.	**die**	neuen	Verträge	**die**	neuen	Fabriken	**die**	neuen	Bücher

i.e.:   The **nominative singular masculine, feminine** and **neuter,** and the **accusative feminine and neuter** take the ending **-e, all other** cases the ending **-en.**

Note: The **same endings** apply for **adjectives preceded by dieser,** *-e, -es,* **jener,** *-e, -es,* **solcher,** *-e, -es,* **welcher,** *-e, -es,* **jeder,** *-e, -es* (cf. Pronouns 2.5, 2.7, 2.9); and – in the **plural – alle, beide** (both).

If **adjectives** are **preceded by an indefinite article** *(ein, eine, ein),* they take the following endings:

		masculine			feminine			neuter		
Sg.	N.	ein	neuer	Vertrag	eine	neue	Fabrik	ein	neues	Buch
		(a new contract)			(a new factory)			(a new book)		
	G.	eines	neuen	Vertrages	einer	neuen	Fabrik	eines	neuen	Buches
	D.	einem	neuen	Vertrag	einer	neuen	Fabrik	einem	neuen	Buch
	A.	einen	neuen	Vertrag	eine	neue	Fabrik	ein	neues	Buch
Pl.*	N.	–	neue	Verträge	–	neue	Fabriken	–	neue	Bücher
	G.	–	neuer	Verträge	–	neuer	Fabriken	–	neuer	Bücher
	D.	–	neuen	Verträgen	–	neuen	Fabriken	–	neuen	Büchern
	A.	–	neue	Verträge	–	neue	Fabriken	–	neue	Bücher

* The indefinite article has no plural form; the adjective takes the same endings (i.e. the last letter) as those of the definite article in the plural.

i.e.:   In the **singular,** the **nominative masculine** has the ending **-er,** the **nominative** and **accusative neuter** have the ending **-es,** the **accusative feminine** has the ending **-e. All other** cases have the ending **-en.**

If **adjectives** are **preceded by a possessive pronoun** *(mein, dein, sein,* etc.) or the **negative form of the indefinite article** *(kein)* they take the following endings:

		masculine			feminine			neuter		
Sg.	N.	mein	neuer	Vertrag	meine	neue	Fabrik	mein	neues	Buch
	G.	meines	neuen	Vertrages	meiner	neuen	Fabrik	meines	neuen	Buches
	D.	meinem	neuen	Vertrag	meiner	neuen	Fabrik	meinem	neuen	Buch
	A.	meinen	neuen	Vertrag	meine	neue	Fabrik	mein	neues	Buch
Pl.	N.	meine	neuen	Verträge	meine	neuen	Fabriken	meine	neuen	Bücher
	G.	meiner	neuen	Verträge	meiner	neuen	Fabriken	meiner	neuen	Bücher
	D.	meinen	neuen	Verträgen	meinen	neuen	Fabriken	meinen	neuen	Büchern
	A.	meine	neuen	Verträge	meine	neuen	Fabriken	meine	neuen	Bücher

If **adjectives** are **not preceded by any article or possessive pronoun,** they take the following endings:

		masculine		feminine		neuter	
Singular	N.	alter	Brauch	echte	Hilfe	gutes	Bier
		(old custom)		(real help)		(good beer)	
	G.	alten	Brauchs	echter	Hilfe	guten	Biers
	D.	altem	Brauch	echter	Hilfe	gutem	Bier
	A.	alten	Brauch	echte	Hilfe	gutes	Bier
Plural	N.	alte	Bräuche	echte	Hilfen	gute	Biere
	G.	alter	Bräuche	echter	Hilfen	guter	Biere
	D.	alten	Bräuchen	echten	Hilfen	guten	Bieren
	A.	alte	Bräuche	echte	Hilfen	gute	Biere

Note: The **same endings** apply for **adjectives preceded by viel, wenig, etwas, mehr.**

Irregular adjectives   4.1.7

Some adjectives change their stems when taking an ending:

dunkel	– *der dunkle Raum,*	*im dunklen Raum,*	*ein dunkler Raum*
(dark)	(the dark room)	(in the dark room)	(a dark room)

teuer	– *die teure Ware,*	*mit der teuren Ware*
(expensive)	(the expensive good)	(with the expensive good)

hoch	– *das hohe Haus,*	*ein hohes Haus*
(high)	(the high house)	(a high house)

Present and past participles as adjectives   4.1.8

Present and past participles can be used as adjectives. (cf. 4.1.3) **In front of nouns** they take the **same endings as adjectives:**

Present participle: *Der **wachsende** Verkehr verursacht Luftverschmutzung.*
(Increasing traffic causes air pollution.)

Past participle: *Der Transport von Kohle erfordert **ausgebaute** und **modernisierte** Wasserstraßen.*
(The transport of coal requires enlarged and modernized waterways.)

(For word order cf. 7.3)

4.2   **Comparative and superlative**

4.2.1   The **comparative** of adjectives is formed by the ending **-er**, the **superlative** by the ending **-(e)st:**

Basic form	Comparative	Superlative
praktisch (practical)	praktisch**er** (more practical)	praktisch**st**- (most practical)
dicht (dense)	dicht**er** (denser)	dicht**est**- (densest)

Adjectives of one syllable with the vowels **a, o, u** usually take an **umlaut** in the comparative and superlative:

Basic form	Comparative	Superlative
lang (long)	läng**er**	längst-
kurz (short)	kürz**er**	kürzest-
groß (big)	größ**er**	größt-

Some adjectives have **irregular forms** in the **comparative** and **superlative:**

Positive	Comparative	Superlative
ho**ch** (high)	höher	höchst-
na**h** (near)	näher	nächst-
gut (good)	**besser**	**best**-
viel (much)	**mehr**	**meist**-

4.2.2   The **comparative** and **superlative** can be used as **part of the verbal group** in connection with *sein* or *werden,* or as an **adverb** (cf. 4.1.1):

In comparisons, the **comparative** is followed by **als** (than), the **superlative** is preceded by **am** and has the ending **-en:**

Part of the verbal group	Comparative:	*Im Herbst* **sind** *die Tage kürz***er** *als im Sommer.* (In fall the days are shorter than in summer.)
	Superlative:	*Im Winter* **sind** *die Tage* **am** *kürz***esten.** (In winter the days are shortest.)
Adverb	Comparative:	*Firma X* **verkauft mehr** *als Firma Y.* (Company X sells more than company Y.)
	Superlative:	*Firma Z* **verkauft am meisten.** (Company Z sells most of all.)

Note: **Comparison of the basic form: ebenso ... wie**

Telex ist **ebenso** *wichtig* **wie** *Telefon.*
(Telex is as important as telephone.)

Der Verkehr ist sonntags fast **(eben)so** *stark* **wie** *wochentags.*
(Traffic is almost as bad on Sundays as during the week.)

4.2.3   The **comparative** and **superlative** can be used **as attributive to a noun.** They have the same endings as the basic attribute form (cf. 4.1.2, 4.1.6):

Das ist **ein** *gut***es** *Angebot.*
(This is a convenient offer.)

*Das ist **ein besseres** Angebot.*   *Das ist **das beste** Angebot.*
(This is a more convenient offer.)   (This is the most convenient offer.)

*Sie finden bei uns **das breiteste** Sortiment.*
(We offer you the largest collection.)

*Wir haben **bessere** und billig**ere** Waren **als** die Konkurrenz.*
(We have better and cheaper goods than our competitors.)

Comparative without comparison   **4.2.4**

ein ält**erer** Herr   eine läng**ere** Reise   ein größ**eres** Unternehmen
(an elederly gentlemen)   (a lengthy journey)   (a somewhat larger company)

Comparative forms can be **emphasised** as follows: **4.2.5**

Die Preise steigen **immer** höh**er.**
(Prices go up higher and higher.)

Sie werden im Winter **noch** höh**er** sein als jetzt.
(They will be even higher in the winter than they are now.)

Sie werden **viel** höh**er** (**weit** höh**er**) sein als jetzt.
(They will be much higher than now.)

Sie werden **wesentlich** höh**er** sein.
(They will be considerably higher.)

Some **superlative forms** used as adverbs **intensify** the **adjectives:**   **4.2.6**

höchst interessant   *möglichst* früh   *äußerst* dringend
(highly interesting)   (as early as possible)   (extremely urgent)

Prepositions   **5**

Prepositions and the cases of declension   **5.1**

Prepositions mostly **precede** a **noun** or **pronoun** in the **accusative, dative** or **genitive** (never in the nominative). They indicate the relationship between words and other sentence elements.

Prepositions with the accusative   **5.1.1**

bis* (to, until, as far as)   **gegen** (against)
durch (through)   **ohne** (without)
entlang (along)   **um** (around)
für (for)

* **bis** is often used together **with another preposition:** *bis auf* + acc., *bis in* + acc., *bis unter* + acc., *bis über* + acc., *bis zu* + dat.; or **with an adverb:** *bis heute, bis hier, bis jetzt.*

Prepositions with the dative   **5.1.2**

aus (out of, of, from)   **mit** (with)
außer (except, besides)   **nach** (to, toward, after, according to)
bei (near, with, at, next to)   **seit** (since)
entgegen (towards)   **trotz*** (in spite of)
gegenüber (opposite to)   **von** (of, from, by)
gemäß (according to)   **zu** (to)

* also used with the genitive.

5.1.3   **Prepositions with the dative or accusative**

an (at, on, to)   **über*** (over, above, about, across)
auf (on, upon)   **unter** (under, beneath, below, among)
hinter (behind)   **vor** (before, in front of, ago)
in (in, into)   **zwischen** (between)
neben (next to, beside)

* **über** sometimes appears together with **hinaus**: _über diesen Zweck hinaus_ (beyond this purpose).

Preposition + dative answer the question **wo?** or **wann?** (place, state, condition):

Sie arbeiten in der Industrie. (wo?)
(They work in industry.)

Es gibt große Mengen dieser Waren auf dem Markt. (wo?)
(There are large quantities of these goods on the market.)

Unter diesen Bedingungen kaufen wir die Waren nicht. (wann?)
(We will not buy the goods under these conditions.)

Preposition + accusative answer the question **wohin?** (direction, motion):

Nach seinem Studium ging er in die Industrie. (wohin?)
(After finishing his studies he went into industry.)

Das Unternehmen bringt große Mengen dieser Waren auf den Markt. (wohin?)
(The company is bringing large quantities of these goods to the market.)

Some **prepositions** often are **contracted with the definite article:**

preposition + das: _ans, aufs, durchs, ins, übers, vors (= an das, auf das,_ etc.)
preposition + dem: _am, beim, im, vom, zum, (= an dem, bei dem,_ etc.)
preposition + der: _zur (= zu der)_

5.1.4   **Prepositions with the genitive**

anstatt (instead of)   **statt** (instead of)
aufgrund (because of)   **trotz*** (in spite of)
außerhalb (outside of)   **während** (during)
infolge (as a result of)   **wegen** (because of)
innerhalb (inside of)

*   also used with the dative.

5.2   **"da"/"wo" + preposition ("da-"/"wo"-compounds)**

5.2.1   **"da" + preposition**

"da" + preposition _(dabei, dafür, damit,_ etc; in front of vowels _dar-: darin, darum, darüber,_ etc.) refers to:
– the content of the previous sentence; it then usually appears at the beginning of a sentence.
– something which follows – usually in a subordinate clause.
– a question.

"da" + preposition referring to the previous sentence:

…**Damit** hat er seine These bewiesen.
(…Thereby he has proved his hypothesis.)

Preissteigerungen führen zu wachsenden Gewinnen. **Dadurch** *bieten sie dem Produzenten einen Anreiz, mehr zu produzieren.*
(Price increases cause bigger profits, thereby stimulating the producer to produce more goods.)

"da" + preposition referring to something following:

Die Entwicklung der Arbeitslosigkeit hängt **davon** *ab, ob mehr investiert wird. (abhängen requires the preposition von.)*
(The development of unemployment depends upon future investments.)

Bitte erinnern Sie mich **daran,** *daß ich Ihnen noch Geld schulde. (erinnern requires the preposition an.)*
(Please remind me that I owe you still some money.)

"da" + preposition in answer to a question:

Interessieren Sie sich für dieses Angebot? – Ja, ich interessiere mich **dafür.** *(sich interessieren requires the preposition für.)*
(Are you interested in this offer. – Yes, I am.)

Hat er sich um die Stellung beworben? – Ja, er hat sich **darum** *beworben. (sich bewerben requires the preposition um.)*
(Did he apply for that position? – Yes, he did.)

Note: If the **question/answer refers to people,** the pronoun cannot be replaced by a *da-*compound:

Beziehen Sie sich in Ihrem Brief auf Herrn X? – Ja, wir beziehen uns **auf ihn.** *(sich beziehen requires the preposition auf.)*
(Are you referring to Mr X in your letter? – Yes, we do.)

Ist er abhängig von seinen Eltern. – Ja, er ist **von ihnen** *abhängig. (abhängig sein requires the preposition von.)*
(Is he dependent on his parents? – Yes, he is.)

The preposition used is the one specifically required by a great number of verbs, nouns or adjectives.

Note: A **preposition at the end of a main clause** (in front of a period or comma) is **part of the main verb** in that clause (cf. Verbs with separable prefixes, 3.3):

Die Preise **hängen** *nicht von uns* **ab.** *(abhängen requires the preposition von.)*
(Prices do not depend on us.)

"wo" + preposition

"wo" + preposition *(wobei, wofür, womit, etc.;* in front of vowels *wor-: worin, worum, worüber* etc.). **Interrogative and relative pronouns** are **replaced by** the prefix **wo-** when a thing is referred to:

Wofür *interessieren Sie sich? Für dieses Angebot?*
(What are you interested in? In this offer?)

Worum *bewerben Sie sich? Für diese Stellung?*
(What are you applying for? For this position?)

Woran *soll ich mich erinnern? An die Rechnung?*
(What am I supposed to remember? The bill?)

alles, **woran** *er sich erinnert, ...*
(all he remembers, ...)

Note: If the **question/answer refers to people,** the pronoun cannot be replaced by a *wo*-compound:

An wen *soll ich mich erinnern? An Herrn X?*
(Whom shall I remember? Mr X?)

Ich weiß nicht, **für wen** *du dich interessierst.*
(I don't know in whom you are interested.)

6   Conjunctions

6.1   Coordinate conjunctions

Coordinate conjunctions join **clauses of equal rank,** which then have **normal word order** (cf. 7.1):

aber (but)
auch (also)
denn (for, in the sense of because)

oder (or)
sondern (but rather)
und (and)

Der Konsument muß frei entscheiden können, **aber** *die Werbung beeinflußt ihn.*
(The consumer must be free to decide, but advertisement influences his decisions.)

6.2   Subordinate conjunctions

Subordinate conjunctions subordinate one **clause** to another. Clauses beginning with subordinate conjunctions will have **dependent word order** (cf. 7.2.1):

als (when: past, single action)
anstatt (instead of)
bevor (before)
da (since, as)
damit (in order to)
daß (that)
falls (in case, if)
indem (by + verb + -ing)
nachdem (after)

ob (whether)
obgleich (although)
ohne (without)
um (in order to)
statt (instead of)
während (while)
weil (because)
wenn (if, when: past, repeated action)
wie (how)

Kleinere Unternehmen schieden aus dem Wettbewerb aus, **da** *sich der Kostendruck verstärkt hatte.*
(Smaller companies could no longer compete due to the pressure of rising costs.)

Als *der Kostendruck zu stark wurde, schieden kleinere Unternehmen aus dem Wettbewerb aus.*
(When the pressure of rising costs became too great, the smaller companies could no longer compete.)

Obwohl *die Bundesrepublik weitgehend industrialisiert ist, werden 56% der Gesamtfläche landwirtschaftlich genutzt.*
(Although the Federal Republic is largely industrialised, 56% of the land is used for agriculture.)

Es zeigt sich, **daß** *die Marktwirtschaft nicht unfehlbar ist.*
(It is evident that the free-market economy is not infallible.)

The conjunctions **(an)statt, ohne** and **um** require the **infinitive with "zu"** (cf. 3.3, 3.10.2):

> *Anstatt einen neuen Kredit **aufzunehmen**, wurde die Produktion eingestellt.*
> (Instead of raising a new loan, production was discontinued.)

> *Wir können Ihren Brief nicht beantworten, **ohne** Näheres **zu erfahren.***
> (We are unable to answer your letter without having learnt more details.)

> *Wir brauchen die Information, **um** Ihren Brief **zu beantworten.***
> (We need the information in order to answer your letter.)

Other conjunctions

6.3

Clauses introduced by certain conjunctions have partly normal word order (cf. 7.1.1), partly that of the dependent clause (cf. 7.2.1):

weder..., noch... (neither... nor...)

> *Weder hatte er die Arbeit **beendet,** noch hatte er uns informiert.*
> *Er hatte weder die Arbeit **beendet,** noch hatte er uns informiert.*
> (He had neither finished the work nor had he informed us.)

entweder..., oder... (either... or...)

> *Entweder **bekommen wir** einen Kredit, oder wir müssen schließen.*
> *Entweder **wir bekommen** einen Kredit, oder wir müssen schließen.*
> (Either we will get a loan or we will have to close down.)

je..., desto... (the..., the...) + comparative

> *Je länger wir an diesem Problem arbeiten, **desto** komplizierter wird es.*
> (The longer we work on the problem, the more complicated it gets.)

Word order

7

The main clause

7.1
7.1.1

The verb

In **normal word** order, the subject precedes the verb:

Subject	Verb	Object
IBM	*eröffnet*	*eine Niederlassung.*
(IBM	opens	a branch office.)

The **word order** is **inverted** if an element other than the subject (word, phrase or clause) appears at the beginning of the sentence; the subject immediately follows the finite verb:

	Verb	Subject	Object
In diesem Jahr	*eröffnet*	*IBM*	*eine Niederlassung.*
(This year IBM will open a branch office.)			

In **main clauses,** the **finite verb** always appears in **second position,** with the **exception** of **questions** and **imperatives:**

Question:

Verb	Subject	Object
Eröffnet	_IBM_	_eine Niederlassung?_
(Does IBM open a branch office?)		

Imperative:

Verb	Subject	Object
Schreiben	_Sie_	_diesen Brief!_
Schreib(t)		_diesen Brief!_
(Write this letter.)		

If the **verbal group** consists of two or more words (compound tenses, = auxiliary + full verb), or a **verb** has a **separable prefix ,** the **finite verb** appears in **second position,** while the **other elements of the verbal group** or the prefix appear **at the end** of the main clause:

Subject	finite Verb		Object	Verbal group
IBM	_hat_	_in diesem Jahr_	_eine Niederlassung_	_eröffnet._ (has opened)
IBM	_macht_	_in diesem Jahr_	_eine Niederlassung_	_auf._ (aufmachen)
IBM	_will_	_in diesem Jahr_	_eine Niederlassung_	_aufmachen._

7.1.2

The indirect (dative) object and the direct (accusative) object

If there are **two objects,** the **dative** object comes **before** the **accusative object:**

	Dative	Accusative
Wir schickten	_der Firma_	_die Waren._
(We sent the goods to the company.)		
Wir schickten	_ihr_	_die Waren._
(We sent it the goods.)		

If the **accusative** object is a **personal pronoun,** it comes **before** the **dative** object:

	Accusative	Dative
Wir schickten	_sie_	_der Firma._
(We sent them to the company.)		
Wir schickten	_sie_	_ihr._
(We sent it to them.)		

7.1.3

"nicht"

(cf. 3.13)

"nicht" negating the **verbal idea** goes **as far as possible to the end** of the sentence, in order not to interfere with those parts of verbs at the end of the main clause (cf. 7.1.1):

Wir schreiben Ihnen den Brief jetzt **nicht.**
(We are not writing the letter to you now.)

Der Konsument **kann nicht entscheiden.** (The infinitive must be at the end of the sentence!)
(The consumer cannot decide.)

Otherwise "nicht" precedes whatever it is negating:

Der Konsument kann **nicht frei** *entscheiden.*
(The consumer cannot decide freely.)

Die Waren sind **nicht pünktlich** *angekommen.*
(The goods have not arrived on time.)

The dependent clause and the infinitive clause 7.2

In **dependent** and **infinitive clauses** the **finite verb** is the **last element.**

Dependent clauses 7.2.1

Dependent clauses are **introduced by** a **conjunction,** a **relative pronoun** or an **interrogative pronoun** (indirect question):

Es ist nicht sicher, **daß** *die Waren pünktlich* **ankommen.** *
(It is not sure that the goods will arrive in time.)

Wir warten auf Entscheidungen, **die** *von der EG* **getroffen werden.**
(We are waiting for decisions to be made by the EC.)

Als *die Krise* **eintrat,** *war niemand darauf vorbereitet.*
(When the crisis occurred, nobody was prepared for it.)

Wenn *wir mehr investieren* **wollen,** *müssen wir einen Kredit* *aufnehmen.*
(If we want to invest more, we have to take out a loan.)

Wir möchten wissen, **welches** *Muster Sie* **gewählt haben.**
(We would like to know which sample you have chosen.)

* Separable prefixes of verbs join the verb in normal order at the end of the dependent clause.

Note: Some conditional clauses do not begin with the conjunction **wenn** (if), but with a
verb. The main clause then follows, often beginning with **so** or **dann:**

Wäre *die Energiefrage gelöst,* **so (dann)** *könnte man besser planen.*
(If the energy question were solved, we would be able to plan better.)

Betrachtet *man die Energiefrage,* **so (dann)** *ist alles Planen problematisch.*
(If you base your planning on the energy problem, it will be difficult.)

Infinitive clauses 7.2.2

Dependent clauses introduced by **(an)statt, ohne, um** have **zu +** the **infinitive** at the end of the
sentence (cf. 6.2):

Sie machten Überstunden, **um** *pünktlich mit der Arbeit fertig* **zu werden.**
(They worked overtime in order to complete their work on time.)

Sie wurden mit der Arbeit fertig, **ohne** *Überstunden* **zu machen.**
(They completed their work on time without working overtime.)

7.2.3   **Reported speech**

(cf. 3.1.3, 3.2.3)

The **subjunctive form** of the reported speech can appear **with or without** the conjunction **daß:**

> _Der Redner stellte fest, die Hauptaufgabe der Binnenschiffahrt **sei** der Transport von Massengut._
> _Der Redner stellte fest, **daß** die Hauptaufgabe ... der Transport ... **sei.**_
> (The speaker stated (that) the main task of inland shipping was the transport of heavy cargo.)

7.3   # Sentences with present or past participle as adjectives

(cf. 4.1.8)

If a **noun** is **not preceded by** a **definite or indefinite article**, a **demonstrative pronoun** or a **number,** it must be **defined by** an **adjective or participle.** The noun and its adjective may further be defined more exactly by several words, which are all preceding the adjective. Thus the adjective may be separated from the article, pronoun, etc. by a considerable number of defining words:

> **Die** _mit zunehmender Bevölkerung, wachsender Wirtschaft, erhöhten Ansprüchen ununterbrochen **steigende Nachfrage** nach Transportleistungen wird mit vielen Arten von Verkehrsmitteln befriedigt._

(The ever rising demand for transportation with increasing population, growing economy and higher expectations is being met by different kinds of public transportation.)

Die ...	_... ..._	_..._	_Nachfrage_
Die ...	_... ..._	_steigende_	_Nachfrage_
Die ...	_... ununterbrochen_	_steigende_	_Nachfrage_
Die mit zunehmender Bevölkerung,	_... ununterbrochen_	_steigende_	_Nachfrage_

Word List

The Word List, as part of the reading technique, applies specifically to the reading comprehension (in the main texts), and – provided by the student with the English equivalents – serves as an aid for memorization.

The list contains only those words which require decodification. Thus, those words which are clearly of the same derivation as their English equivalents are not included, e. g.: *Demokratie, Maschine, Parlament, Produkt; Amerika, England, Großbritannien.*

Word derivations which are formed according to regular patterns, explained elsewhere in the book, are also omitted, e. g.: adjectives like *bundesstaatlich (Bundesstaat), technisch (Technik)* and compound words like *Baumwollprodukt (Baumwolle + Produkt).*

The gender of the nouns is indicated as follows:
r Abend = der Abend
e Aktie = die Aktie
s Alter = das Alter

The plural forms of the nouns are indicated as follows:

r Abnehmer, -	Plural: *die Abnehmer*
r Abend, -e	*die Abende*
r Apfel, ¨	*die Äpfel*
e Aktie, -n	*die Aktien*
e Ansiedlung, -en	*die Ansiedlungen*
s Kind, -er	*die Kinder*
s Bedürfnis, -se	*die Bedürfnisse*
r Anschluß, ¨sse	*die Anschlüsse*

Irregular verbs with „separable" or „inseparable" prefixes are indicated by an asterisk (*) and are also listed under the basic verb with its verb forms (infinitive, past tense, past participle), e. g. *abnehmen* → nehmen, nahm, genommen.*

It is recommended to transfer the entire word list to a vocabulary exercise book or to a file of index cards to which additions may be made according to need.

A

abbauen
r Abend, -e
abends
aber
abhängen* von
abhängig
e Abhängigkeit, -en
abnehmen*
r Abnehmer, -
abschließen*
r Abschluß, ¨sse
abwickeln
acht
achtzig
ähnlich
e Aktie, -n
e Aktiengesellschaft, -en
r Aktionär, -e
r Aktivposten, -
alle
allein
s Alleinentscheidungs-
recht, -e
als
also
alt
s Alter
anbieten*
r Anbieter, -

ander-
(sich) ändern
anderthalb
e Anforderung, -en
s Angebot, -e
r Angehörige, -n
r Angestellte, -n
ankaufen
e Anlage, -n
r Anlaß, ¨sse
e Anleihe, -n
r Anreiz, -e
(sich) anschließen*
r Anschluß, ¨sse
e Ansiedlung, -en
r Anspruch, ¨e
in Anspruch nehmen
e Anstalt, -en
r Anteil, -e
r Apfel, ¨
r Apparat, -e
e Arbeit, -en
arbeiten
r Arbeiter, -
e Arbeiterschaft
r Arbeitgeber, -
r Arbeitnehmer, -
e Arbeitskraft, ¨e
r Arbeitsmarkt, ¨e
e Art, -en
r Artikel, -

r Ast, ¨e
auch
auf
e Aufgabe, -n
aufgrund
aufkaufen
r Aufsichtsrat, ¨e
r Aufsichtsratsvorsitzen-
de, -n
r Auftrag, ¨e
aus
ausbauen
e Ausbildung, -en
e Ausfuhr, -en
e Ausgabe, -n
r Ausgabekurs, -e
ausgeben*
ausgehen* von
r Ausgleich, -e
zum Ausgleich bringen
ausgleichen*
s Ausland
r Ausländer, -
auslösen
ausmachen
e Ausnahme, -n
ausnehmen*
e Ausrichtung, -en
e Ausrüstung, -en
ausscheiden*
ausschließen*

ausschließlich
r Ausschuß, "sse
außen
r Außenhandel
außer
außerdem
außergewöhnlich
außerhalb
äußerst
aussetzen
ausstatten
austreten*
ausüben
e Ausweitung, -en
e Auswirkung, -en
e Autobahn, -en

B

e Bahn, -en
s Ballungsgebiet, -e
e Bank, -en
e Bank, "e
r Bau, -ten
bauen
r Baum, "e
e Baumwolle
r Beamte, -n
r Bedarf
bedenken*
bedeuten
r Bedienstete, -n
e Bedingung, -en
s Bedürfnis, -se
befördern
e Befreiung, -en
befriedigen
beginnen, begann, be-
gonnen
begünstigen
behutsam
bei
beide
s Beispiel, -e
r Beitrag, "e
beitreten*
bekommen*
e Belastung, -en
e Belegschaft, -en
Belgien
Benelux
benutzen
beraten*
e Beratung, -en
berechtigt
r Bereich, -e
bereit
bereitstellen
r Berg, -e
r Bergbau

r Bericht, -e
r Beruf, -e
beruhen (auf)
berühmt
e Beschaffung
beschäftigen
r Beschäftigte, -n
beschreiben*
beseitigen
besetzen
besiedeln
besonders
r Bestand, "e
beständig
bestehen*
bestimmen
bestreiten*
(sich) beteiligen (an)
beteiligt sein (an)
betragen*
betreiben*
betreffen*
r Betrieb, -e
r Betriebsrat, "e
s Betriebsverfassungsge-
setz, -e
s Bett, -en
e Bevölkerung, -en
bewältigen
e Bewegung, -en
sich bewerben* (um)
bezahlen
beziehen
e Beziehung, -en
e Bezüge pl.
bieten, bot, geboten
e Bilanz, -en
s Bild, -er
e Bildung, -en
billig
e Binnenschiffahrt, -en
e Birne, -n
bis
s Blech, -e
bleiben, blieb, ge-
blieben
e Börse, -n
s Börsenwesen
breit
bremsen
brennen, brannte, ge-
brannt
r Brennstoff, -e
r Brief, -e
e Brille, -n
bringen, brachte, ge-
bracht
brutto
s Bruttosozialprodukt, -e
s Buch, "er

e Buchung, -en
r Bund
s Bundesland, "er
r Bundesrat
e Bundesrepublik
Deutschland
r Bundestag

D

dadurch
damit
daneben
Dänemark
darstellen
e Daten pl.
e Dauer
dauern
dazu
denken, dachte, ge-
dacht
deshalb
deutsch
e Deutsche Demokrati-
sche Republik (DDR)
e Deutsche Mark (DM)
e Devisen pl.
r Dezember
d. h. = das heißt
dicht
r Dichter, -
dienen
r Dienst, -e
r Dienstag, -e
e Dienstleistung, -en
dieser, diese, dieses
doch
r Donnerstag, -e
dort
dorther
dorthin
drängen
draußen
drei
dreißig
drinnen
s Drittel, -
r Druck
dünn
durch
e Durchführung, -en
r Durchschnitt
dürfen

E

ebenfalls
ebenso (wie)
eigen
r Einfluß, "sse
e Einfuhr, -en

eingreifen*
einhalten*
e Einheit, -en
einheitlich
einkaufen
s Einkommen, -
e Einkünfte *pl.*
einmal
einrichten
e Einrichtung, -en
einschränken
eins
einseitig
einsetzen
r Einwanderer, -
r Einwohner, -
r Einzelhandel
einzeln
einzig
s Eisen
e Eisenbahn, -en
elf
s Ende
e Energie, -n
r Energieträger, -
eng
entfallen* auf
entgegen
s Entgelt, -e
entlassen*
entscheiden*
e Entscheidung, -en
eine Entscheidung
treffen
entsprechen*
entstehen*
(sich) entwickeln
e Entwicklung, -en
erarbeiten
e Erde
s Erdgas, -e
s Erdöl, -e
erforderlich
ergänzen
(sich) ergeben*
ergreifen*
erhalten*
r Erhaltungsgrad, -e
(sich) erhöhen
e Erhöhung, -en
erklären
e Erkrankung, -en
ermöglichen
ernennen*
erreichen
erinnern
errichten
erscheinen*
erschließen*
erster, erste, erstes

erweitern
e Erweiterung, -en
r Erwerb
erwerben*
erwerbstätig
s Erz, -e
s Erzeugnis, -se
e Erzeugung
e Erziehung
essen, aß, gegessen
etwa
europäisch

F

e Fabrik, -en
fähig
fahren, fuhr, gefahren
s Fahrzeug, -e
fallen, fiel, gefallen
fast
r Februar
r Feiertag, -e
fein
feinmechanisch
s Fenster, -
Ferien (pl.)
fern
s Fernmeldewesen
s Fernsehen
r Fernsprecher, -
fertig
e Fertigware, -n
fest
finden, fand, gefunden
e Fläche, -n
s Fleisch
s Flugzeug, -e
r Fluß, "sse
flüssig
e Folge, -n
folgen
folglich
fordern
e Forderung, -en (nach)
r Forst
e Forstwirtschaft
e Fracht, -en
e Frage, -n
fragen
Frankreich
französisch
e Frau, -en
frei
e Freihandelszone, -n
r Freitag, -e
fremd
r Freund, -e
e Frist, -en
früh

s Frühjahr, -e
führen
fünf
fünfzig
für
e Fürsorge
s Futter
s Futtermittel, -

G

e Gabel, -n
r Gang, "e
in Gang setzen
ganz
e Garderobe, -n
gar kein
gar nicht
r Gast, "e
e Gaststätte, -n
geben, gab, gegeben
s Gebiet, -e
e Gefahr, -en
gefährlich
gegen
gegenläufig
gegenüber
e Gegenwart
gegenwärtig
s Gehalt, "er
r Gehaltsabschluß, "sse
gehen, ging, gegangen
gehören (zu)
gelangen (zu)
s Geld, -er
gelten, galt, gegolten
gelingen, gelang, gelun-
gen (es gelingt mir)
gemäß
e Gemeinde, -n
gemeinsam
e Gemeinschaft, -en
s Gemüse, -
genau
Genf
genießen, genoß, ge-
nossen
genug
genügend
r Genuß, "sse
s Genußmittel, -
s Gericht, -e
r Gerichtsstand
gering
geringfügig
gesamt
s Geschäft, -e
e Geschichte, -n
r Geschmack

e Geschwindigkeit, -en
e Gesellschaft, -en
s Gesetz, -e
s Gespräch, -e
gestern
s Getreide
e Gewähr
gewährleisten
gewaltig
gewerblich
e Gewerkschaft, -en
s Gewicht, -e
r Gewinn, -e
s Gewinnstreben
gewöhnlich
gleich
gleichen, glich, geglichen
s Gleichgewicht, -e
e Gliederung, -en
r Gott, "er
r Grad, -e
greifen, griff, gegriffen
e Grenze, -n
groß
r Großhandel
r Grund, "e
gründen
grundsätzlich
r Grundstoff, -e
s Grundstück, -e
e Gründung, -en
s Gummi
günstig
gut
s Gut, "er

H

haben, hatte, gehabt
r Hafen, "
e Hälfte, -n
halten, hielt, gehalten
r Handel
handeln
(sich) handeln um
handeln von
hängen, hing, gehangen
hängen
s Haupt, "er
s Haus, "er
r Haushalt, -e
heftig
helfen, half, geholfen
herausgeben*
herbeiführen*
e Herkunft
herrschen
herstellen

s Herz, -en
heute
heutig
hier
e Hilfe, -en
hinausziehen* (über)
hinten
hinter
hoch
s Holz, "er

I

immer
r Inhalt, -e
innerhalb
insgesamt
irgend

J

s Jahr, -e
s Jahrhundert, -e
jährlich
s Jahrzehnt, -e
r Januar
jeder, jede, jedes
jedoch
jetzt
jeweilig
r Juli
r Juni

K

s Kabinett, -e
e Kammer, -n
s Kapital, -ien
r Kapitaleigner, -
kaufen
kein
e Kennzeichnung, -en
r Kern, -e
e Kernkraft
s Kind, -er
e Kirche, -n
e Kirsche, -n
e Klasse, -n
klein
knapp
e Kohle, -n
kommen, kam, gekommen
r Konkurs, -e
können
s Konsortium, -ien
r Konzern, -e
e Kraft, "e
s Kraftfahrzeug, -e
r Kraftwagen, -

s Kraftwerk, -e
krank
e Krankheit, -en
r Krebs
r Kredit, -e
r Kreis, -e
r Krieg, -e
e Kugel, -n
r Kugelschreiber, -
r Kunde, -n
e Kündigung, -en
e Kunst, "e
r Kunststoff, -e
r Kurs, -e
r Kursausschlag, "e
kurz
e Küste, -n

L

e Lage, -n
s Land, "er
e Landwirtschaft, -en
lang
lange
e Länge, -n
lassen, ließ, gelassen
e Last, -en
zu Lasten (von)
r Lastkraftwagen (Lkw),
-
r Lauf, "e
laufen, lief, gelaufen
leben
s Leben, -
s Leder, -
lediglich
legen
e Lehre, -n
r Lehrling, -e
leicht
leider
leisten
e Leistung, -en
leistungsfähig
e Leistungsfähigkeit
leiten
e Leitung, -en
lesen, las, gelesen
letzter, letzte, letztes
e Liebe
liefern
liegen, lag, gelegen
r Lkw, -s (= Lastkraftwagen)
r Löffel, -
r Lohn, "e
lösen
e Luft

M

machen
e Macht, ⸚e
r Mai
s Mal, -e
-mal
r Maler, -
r Mann, ⸚er
r Mantel, ⸚
e Mark, -
r Markt, ⸚e
e Marktordnung, -en
r Marsch, ⸚e
r März
e Masse, -n
massenhaft
maßvoll
r Mast, -en
s Meer, -e
mehr
mehrere
e Mehrheit, -en
e Mehrwertsteuer
meist(ens)
die meisten
r Mensch, -en
menschlich
s Merkmal, -e
s Messer, -
e Metallwaren *pl.*
mildern
e Milliarde, -n
mindestens
e Mindestreserve, -n
mit
e Mitbestimmung
s Mitglied, -er
mitkommen*
e Mitte
s Mittel, -
e Mitwirkung
r Mittwoch
e Möbel *pl.*
möglich
e Möglichkeit, -en
möglichst
r Montag, -e
e Montanunion
r Mulatte, -n
multinational
e Münze, -n
müssen, mußte, gemußt
r Mut
e Mutter, ⸚er

N

nach
r Nachfolger, -
e Nachfrage
r Nachkomme, -n
e Nacht, ⸚e
nächst
r Nagel, ⸚
nah
nahezu
e Nahrung
s Nahrungsmittel, -
r Name, -n
nämlich
neben
e Nebentätigkeit, -en
nehmen, nahm, genommen
nennen, nannte, genannt
r Nerz, -e
netto
s Netz, -e
neu
neun
neunzig
nicht
e Niederlande *pl.*
e Niederlassung, -en
niedrig
s Niveau, -s
r Norden
Norwegen
r November
nötig
nur

O

oben
oder
offen
offenbar
offenbaren
r Offenmarkt, ⸚e
öffentlich
oft
ohne
e Ökonomie, -n
r Oktober
s Öl, -e
optisch
e Ordnung, -en
r Osten
Österreich
östlich

P

s Paar, -e
s Paket, -e
s Papier, -e
r Partner, -
e Pause, -n
r Personenkraftwagen (Pkw), -
e Pflanze, -n
e Pflaume, -n
e Pflicht, -en
pharmazeutisch
r Pkw, -s (= Personenkraftwagen)
r Plan, ⸚e
r Platz, ⸚e
s Postwesen
präsidial
r Preis, -e
r Preisanstieg, -e
preisgünstig
e Presse

Q

e Quelle, -n

R

r Rahmen, -
r Rand, ⸚er
rasch
r Rat, *pl.:* Ratschläge
raten, riet, geraten
r Rauch
rauchen
r Raum, ⸚e
räumen
s Recht, -e
rechtlich
regelmäßig
regeln
e Regierung, -en
e Regierungsform, -en
reichlich
reif
e Reife
rein
r Rentenmarkt, ⸚e
s Repräsentantenhaus, ⸚er
e Republik, -en
r Rest, -e
richten
richtig
e Richtung, -en
roh
s Rohr, -e
e Rohrleitung, -en

r Rohstoff, -e
e Rolle, -n
rosten
rückläufig
rückwärts
e Rückwirkung, -en
e Ruhe
s Ruhegeld, -er
ruhen
rund
e Rüstung, -en

S

e Sache, -n
sagen
r Samstag, -e
schaden
r Schadstoff, -e
schaffen, schuf, ge-
schaffen
e Schaffung
r Scheck, -s
scheiden, schied,
geschieden
schließen, schloß,
geschlossen
schmelzen, schmolz,
geschmolzen
schneiden, schnitt,
geschnitten
schnell
r Schrank, ¨e
schreiben, schrieb, ge-
schrieben
schriftlich
r Schritt, -e
r Schuh, -e
schulden
r Schutz
schwach
schwarz
e Schweiz
schwer
schwinden, schwand,
geschwunden
sechs
sechzig
r See, -n
e See
sehen, sah, gesehen
sehr
sein, war, gewesen
seit
e Seite, -n
selbständig
e Selbstbedienung
selten
senden

e Sendung, -en
senken
r September
setzen
in Gang setzen
sicher
e Sicherheit, -en
e Sicherung, -en
sieben
siebenmal
siebzig
siedeln
sinken, sank, gesunken
r Sitz, -e
sitzen, saß, gesessen
s. o. = siehe oben
sofern
sogar
sogenannt
sollen
somit
sondern
r Sonnabend, -e
sonstig
r Sonntag, -e
sorgen (für)
s Sortiment, -e
e Sozialleistung, -en
r Sozialpartner, -
s Sozialprodukt
sowie
sowohl
sparen
e Sparkasse, -n
spät
sperrig
spielen
e Spitze, -n
e Sprache, -n
sprechen, sprach, ge-
sprochen
r Staat, -en
staatlich
r Stahl,
r Stand, ¨e
r Standort, -e
stark
stehen, stand, ge-
standen
steigen, stieg, gestiegen
e Steigerung, -en
stellen
e Steuer, -n
e Stimme, -n
r Stoff, -e
e Straße, -n
s Straßenfahrzeug, -e
e Strecke, -n
s Streckennetz, -e
streiken

streiten, stritt, ge-
stritten
r Strom, ¨e
s Stück, -e
e Stunde, -n
r Sturm, ¨e
suchen
r Süden

T

r Tabak, -e
r Tag, -e
täglich
r Tarifvertrag, ¨e
e Tat, -en
tätig
e Tätigkeit, -en
e Tatsache, -n
tatsächlich
r Teller, -
teuer
r Text, -e
s Tier, -e
r Tisch, -e
tragen, trug, getragen
s Transportaufkommen
treffen, traf, getroffen
eine Entscheidung
treffen
treiben, trieb, getrieben
trennen
treten, trat, getreten
trotz
e Truhe, -n
tun, tat, getan
r Turm, ¨e

U

üben
über
über . . . hinaus
übereinstimmen
r Überschuß, ¨sse
Übersee
e Überstunde, -n
übertragen*
e Übertragung, -en
überwinden*
e Übung, -en
umfassend
r Umsatz, ¨e
umstellen
e Umstellung, -en
umstritten*
umwandeln
e Umwelt
unten

unter
unterentwickelt
unternehmen*
s Unternehmen, -
unterrichten
unterscheiden*
r Unterschied, -e
unterschiedlich
r Urlaub
e Ursache, -n

V

r Vater, "
verändern
e Veränderung, -en
verantwortlich
e Verantwortung
r Verband, "e
verbieten*
verbinden*
s Verbot, -e
verbrauchen
r Verbraucher, -
e Verbrauchsgüter *pl.*
verderblich
e Verdichtung, -en
verdienen
r Verein, -e
e Vereinbarung, -en
vereinheitlichen
vereinigen
e Verfassung, -en
verfügen über
e Verfügung
zur Verfügung stehen
zur Verfügung stellen
vergiften
r Vergleich, -e
vergleichen*
vergrößern
e Vergünstigung, -en
s Verhältnis, -se
verhandeln
e Verhandlung, -en
verhindern
verkaufen
r Verkehr
s Verkehrsmittel, -
verkleinern
verlieren, verlor, verloren
r Verlust, -e
vermindern
e Verminderung, -en
(sich) verpflichten
e Verpflichtung, -en
verschieden
verschmelzen*
e Verschmutzung, -en
versetzen

e Versicherung, -en
versorgen
e Versorgung
(sich) verstärken
r Vertrag, "e
vertreten*
r Vertreter, -
e Vertretung, -en
verursachen
e Verwaltung, -en
verwandt
verwenden
e Verwendung, -en
s Verzeichnis, -se
viel
vier
s Viertel, -
vierzig
r Vogel, "
s Volk, "er
s Volkseinkommen
e Volkswirtschaft
völlig
vollkommen
vollständig
von
vor
vor allem
voraussetzen
e Voraussetzung, -en
voraussichtlich
vorher
vorkommen
vornehmen*
r Vorrat
e Vorschrift, -en
vorsehen*
r Vorsitz
r Vorsitzende, -n
r Vorstand, "e
s Vorwort, -e

W

wachsen, wuchs, gewachsen
s Wachstum
r Wagen, -
e Wahl, -en
wählen
s Wählnetz, -e
während
e Währung, -en
e Wand, "e
wandeln
wann?
e Ware, -n
e Wäsche
waschen, wusch,

gewaschen
s Waschmittel, -
s Wasser
r Wechsel, -
r Wechselkurs, -e
wechseln
wechselseitig
r Weg, -e
wegen
weit
weiter
e Weise, -n
weiß
welcher?, welche?, welches?
e Welt, -en
weltweit
wenig
wenn
werben, warb, geworben
e Werbung
werden, wurde, geworden
s Werk, -e
r Wert, -e
s Wesen
wesentlich
r Westen
r Wettbewerb, -e
wichtig
wickeln
widerstreiten*
wie?
wieder
r Wille
winden, wand, gewunden
wirken
e Wirkung, -en
e Wirtschaft
wirtschaftlich
wissen, wußte, gewußt
e Wissenschaft, -en
wo?
e Woche, -n
woher?
wohin?
r Wohlstand
wohnen
wollen
s Wort, "er
r Wunsch, "e

Z

e Zahl, -en
z. B. = zum Beispiel
zahlen
zählen

e Zahlung, -en	r Zins, -en	r Zusatz, ¨e
e Zählung, -en	r Zinssatz, ¨e	zusätzlich
zehn	r Zoll, ¨e	r Zuschlag, ¨e
zeichnen	zu	r Zustand, ¨e
zeigen	zugleich	zustellen
e Zeit, -en	r Zufluß, ¨sse	r Zwang, ¨e
s Zeitalter, -	e Zukunft	zwanzig
e Zeitung, -en	zunächst	r Zweck, -e
e Zeitschrift, -en	e Zunahme	zwei
r Zentralbankrat	zunehmen*	r Zweig, -e
e Ziege, -n	zusammen	e Zweiganstalt, -en
ziehen, zog, gezogen	e Zusammenarbeit	zwischen
s Ziel, -e	r Zusammenhang, ¨e	zwölf
zielen	s Zusammenleben	
s Zimmer, -	(sich) zusammenschließen*	

Quellenverzeichnis

Deutsche Bundespost (S. 20 LT 9.1, LT 9.2) Text aus: Bundespost 78. Dokumentation des Leistungsstandes der Deutschen Bundespost

Deutscher Taschenbuch Verlag, München (S. 8 LT 1.1) Text aus: „Die Wirtschaft" 1973, Daten und Berichte

Fischer Taschenbuch Verlag GmbH, Frankfurt (S. 8 LT 1.2) Text aus: „Weltalmanach 1983"

Globus Kartendienst, Hamburg (S. 12, 14, 16, 17, 22, 25) Graphiken

Carl Hanser Verlag, München Wien (S. 9 LT 2.1, LT 2.2, S. 10 LT 2.3) Text aus: „Multinationale Konzerne". Reihe Hanser 139, hgg. von Otto Kreye

Alfred Kröner Verlag, Stuttgart (S. 13) Text aus: Karl W. Roskamp, „Die amerikanische Wirtschaft"

Lexikothek Verlag, Gütersloh (S. 8 LT 1.3, S. 20 LT 9.3, S. 24 LT 11.3) Texte aus: „Bundesrepublik Deutschland" aus: Tatsachen über Deutschland, 1984

C. E. Poeschel Verlag, Stuttgart (S. 12 LT 4.1) Text aus: Obst/Hinter, „Geld-, Banken- und Börsenwesen"

Presse- und Informationsamt der Bundesregierung, Bonn (S. 10) Text aus: BMWI Wirtschaft von A–Z, 1979; (S. 11) Graphik aus: Die Bundesrepublik Deutschland und Europa, Information 18, 2/1980; (S. 12 LT 4.2) Text aus: Information 11, BRD, Land- und Forstwirtschaft; (S. 14 LT 6.1, S. 16, 17) aus: Sozialpartner (16); (S. 19 LT 8.1, S. 20 LT 8.2) aus: Information 3, BRD – Verkehr; (S. 22 LT 9.5) aus Information BRD 9; (S. 22 LT 10.1, S. 23 LT 10.2, 10.3) aus: Information 6, BRD – Außenhandel 1

Erich Schmidt Verlag GmbH, Redaktion Zahlenbilder, Berlin (S. 15) Graphik

Societäts-Verlag, Frankfurt (S. 18 LT 7.3) Text aus: Dieter Dröll „Die Kunst in Frieden zu arbeiten/Der Arbeitnehmer hat das Recht"

The United States Information Service, Embassy of the United States of America, Bonn (S. 8 LT 1.4, S. 14 LT 5.3) Texte aus: Die USA – Fakten, Daten, Zahlen

Verlag Deutsche Jugendbücherei KG, Köln (S. 23 LT 11.1, S. 24 LT 11.2) Text aus: Walter Lippens/Fred Schmitz-Ohlstedt „Im Kreislauf der Wirtschaft"

Universum-Verlagsanstalt GmbH-KG, Wiesbaden (S. 24 LT 12.1, S. 25) Text aus: Über das Geld

EUROPE

MODIFIED CONIC PROJECTION

Scale of Miles

Scale of Kilometers

© AMERICAN MAP CORP. N.Y.

161

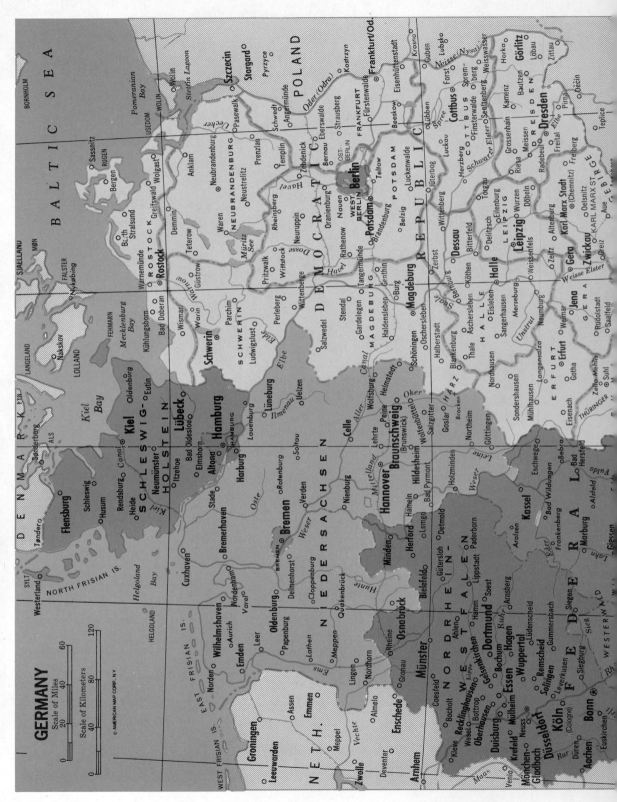

GERMANY

Scale of Miles
20   40   60

Scale of Kilometers
40   80   120

© AMERICAN MAP CORP., N.Y.

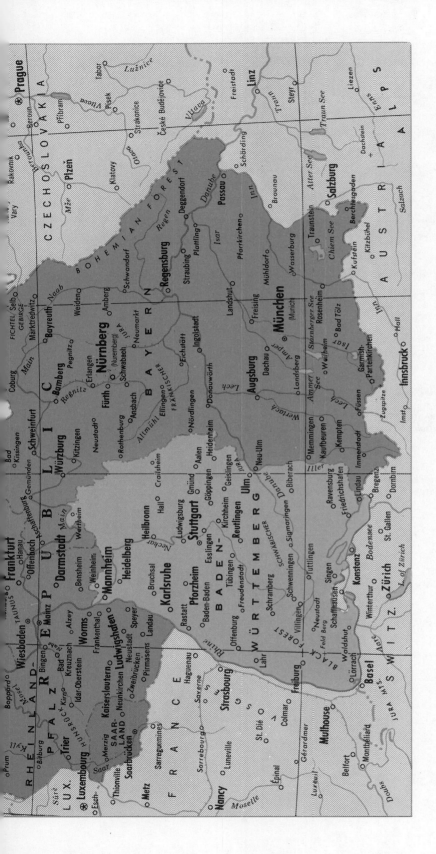

Maps of Europe and Germany from *Colorprint® Scholastic World Atlas*,
by kind permission of American Map Corporation, Maspeth, New York

Geographical Names

English—German

Adriatic Sea   *s Adriatische Meer*
Albania   *Albanien*
Alps   *e Alpen (pl.)* ·
Athens   *Athen*
Atlantic Ocean   *Atlantischer Ozean*
Austria   *Österreich*
Baltic Sea   *e Ostsee*
Bavaria   *Bayern*
Bay of Biscay   *r Golf von Biscaya*
Belgium   *Belgien*
Belgrade   *Belgrad*
Black Forest   *r Schwarzwald*
Black Sea   *s Schwarze Meer*
Bohemian Forest (in Bavaria)   *r Bayerische Wald*
Brunswick   *Braunschweig*
Bucharest   *Bukarest*
Bulgaria   *Bulgarien*
Crimea   *e Krim*
Czechoslovakia   *e Tschechoslowakei*
Cologne   *Köln*
Danube   *e Donau*
Denmark   *Dänemark*
East Frisian Islands   *e Ostfriesischen Inseln (pl.)*
Europe   *Europa*
Federal Republic of Germany   *e Bundesrepublik Deutschland*
Finland   *Finnland*
France   *Frankreich*
Frankfort   *Frankfurt*
German Democratic Republic   *e Deutsche Demokratische Republik*
Germany   *Deutschland*
Great Britain   *Großbritannien*
Greece   *Griechenland*
Helgoland Bay   *e Deutsche Bucht*
Hesse   *Hessen*
Hungary   *Ungarn*
Iceland   *Island*
Ionian Sea   *s Ionische Meer*
Ireland   *Irland*
Italy   *Italien*
Kiel Bay   *e Kieler Bucht*

Kiel Canal   *r Nord-Ostsee-Kanal*
Lake of Zurich   *Zürichsee*
Lisbon   *Lissabon*
Lower Saxony   *Niedersachsen*
Mecklenburg Bay   *e Lübecker Bucht*
Mediterranean Sea   *s Mittelmeer*
Milan   *Mailand*
Mittelland Canal   *r Mittellandkanal*
Moscow   *Moskau*
Munich   *München*
Naples   *Neapel*
Netherlands   *e Niederlande (pl.)*
North Frisian Islands   *e Nordfriesischen Inseln (pl.)*
North Rhine-Westphalia   *Nordrhein-Westfalen*
North Sea   *e Nordsee*
Norway   *Norwegen*
Norwegian Sea   *s Europäische Nordmeer*
Nuremberg   *Nürnberg*
Poland   *Polen*
Pomeranian Bay   *e Pommersche Bucht*
Prague   *Prag*
Rhine   *r Rhein*
Rhineland-Palatinate   *Rheinland-Pfalz*
Romania   *Rumänien*
Rome   *Rom*
Scotland   *Schottland*
Sleswick-Holstein   *Schleswig-Holstein*
Spain   *Spanien*
Stettin Lagoon   *s Stettiner Haff*
Sweden   *Schweden*
Switzerland   *e Schweiz*
Tyrrhenian Sea   *s Tyrrhenische Meer*
Turkey   *e Türkei*
United Kingdom   *s Vereinigte Königreich*
U.S.S.R.   *e UdSSR*
Venice   *Venedig*
Vienna   *Wien*
Warsaw   *Warschau*
West Frisian Islands   *e Westfriesischen Inseln (pl.)*
Yugoslavia   *Jugoslawien*
Zurich   *Zürich*